最強アイデア料理

最強アイデア料理

CONTENTS

村上知子の小麦粉マジック

●各レシピのカロリーはp.122 ～124［挑戦者別索引］に記載されています。

楽チン電子レンジレシピ

節約美食! なんちゃってレシピ

究極の技ありレシピ

特別番外編

三瓶の簡単デザートレシピ

レシピの見方

このレシピは、食材をムダなく使い切るように工夫し、残り物もすべて有効に使っているため、ひとつの料理にたくさんの材料が含まれています。一見、食材が多くて大変そうに見えるかも知れませんが、そんなことはありません。このレシピをもとに、自分なりにアレンジして挑戦してみてください。工夫次第でさらにおいしくて満足、節約にもなる“我が家の味”ができあがります！

＊料理のエネルギーと価格は１人分、調理時間は、準備を含めた目安となっています。

＊調味料のうち、特にことわりのない場合は、砂糖は上白糖、塩は精製塩、しょうゆは濃口しょうゆです。また、みそは好みのものです。

＊にんじん、大根の長さは、上部に近い太い部分を基本にしています。その他の部分を使う場合は、長めに切ってください（またはｇ表記を目安に）。

＊しょうが１片は約15ｇのひねしょうが、にんにく１片は３～５ｇのものです。
ひねしょうがとは、一年中出回っていて、私たちが日ごろ食している一般的なしょうがのことをいいます。

＊せん切りやいちょう切りなど料理の基本は、色を変えて表記してあります。詳しくは、p.120、121ページを御参照ください。

＊本書で使用している電子レンジは、出力500Wです。表示時間は目安ですので、お手持ちの機種に合わせて加熱時間を調整してください。詳しくは各メーカーの使用説明書などをお読みください。

＊料理の価格は１ヶ月１万円生活の買い物で買った安い食材金額から算出されています。

計量の目安

大さじ１＝15mℓ

小さじ１＝5mℓ

計量スプーン

大さじ１＝15mℓ、小さじ１＝5mℓが基準
（1mℓは1ccです）。

計量カップ

１カップ＝200mℓが基準。

＊液体の場合は表面張力で盛り上がらないよう平らに入れ、粉末の場合はすりきりにすること。

ふっくら食パン、もちもちうどん、
ふんわり中華まん
小麦粉があっという間に七変化！

村上知子の
小麦粉マジック

通常はグルテン量の多い強力粉で作る食パンやパスタ。
しかし、小麦ッ娘・村上知子は、
小麦粉の中でも一番安い薄力粉を使って、
すべてを成し遂げる。
この章では、その驚きのテクニックを村上本人が伝授！
芸能人節約バトル最強No.1決定戦初代女王による
伝説の小麦粉レシピを一挙公開！

こんなに立派なパンができちゃった!!

基本の食パン／薄力粉パン

本来は強力粉を使いますが、
薄力粉でもふっくら食パンが作れます。
ポイントは時間をかけて
よーく発酵させること。
愛情たっぷり込めて、
おいしい食パンを作ってね。

材料 1.5斤1本分

薄力粉	600 g
ドライイースト	小さじ2⅓
砂糖	大さじ1⅔
塩	小さじ1½
マーガリン	40g
水	360㎖
打ち粉（薄力粉）	適量

価格 97円

調理時間 2時間15分

1

2

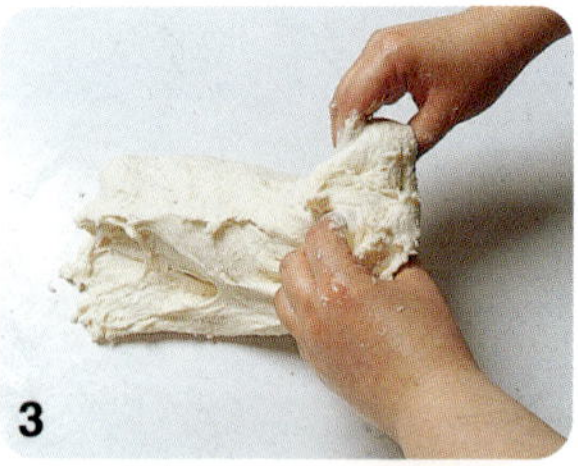
3

パン生地を作る

1. ボウルに薄力粉、ドライイースト、砂糖、塩を入れ、水を加えて手で混ぜる。粉気がなくなり全体に水分がなじんだら、手にくっつかなくなるまでこねる。

2. 打ち粉をした台の上に生地を取り出し、マーガリンを加えてさらによくこねる。

3. マーガリンがなじんだら、たたきつけてはこねるを5分間ほど繰り返し、なめらかな状態にする。

小麦粉生活の基本中の基本はこの食パン。寝かせている間も、絶え間なく優しい声をかけるとでき上がりも上々！　ちょっとあったかい部屋の方がうまく膨らむよ〜。

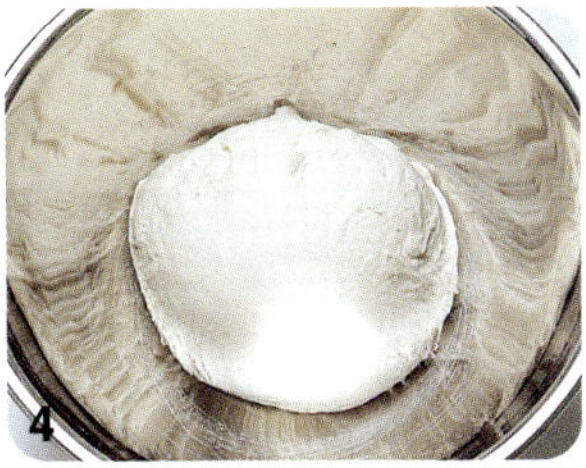

4

5

1次発酵

4. 表面のきめが細かくなり、つやが出たら丸めてボウルに入れる。ラップをかけて暖かいところ（35〜40℃）に25〜30分（冬なら40〜50分。電子レンジの発酵機能を利用する場合は約25分）置いて発酵させる。

5. 2倍くらいに膨らんだら1次発酵完了。手のひらで生地を押してガス抜きをし、丸めなおしてそのまま10分休ませる。

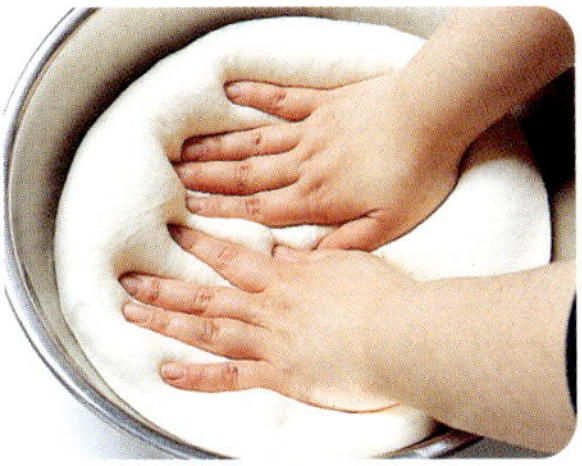

6

成形

6. 生地のガスをもう1度抜き、手で長さ30cmくらいにのばして三つ折りにする。

7. マーガリン（分量外）を薄く塗った型（10.5×21×12cm）に、端を内側に折るようにして入れ、ラップをする。

7

2次発酵

8. 暖かいところに35〜40分置いて2次発酵させる。生地が型の9分目からふちくらいまで膨らんだら発酵完了。

8

焼く

9. 予熱した190℃のオーブンで、35〜40分焼いて完成。

9

器のパンも食べてね

パングラタン

価格
96
円

調理時間
30分

材料 1人分

薄力粉パン(p.8参照)	½本分
にんじん	⅛本(15g)
長ねぎ	¼本(10cm)
鶏もも肉	35g
にんにく	½片
スライスチーズ	1枚
薄力粉	大さじ3
牛乳、水	各150mℓ
マーガリン	大さじ1½
サラダ油	大さじ½
塩	小さじ½
砂糖	ひとつまみ

下ごしらえ

1. 薄力粉パンは膨らんだ部分をフタ用に切り取り、器用に底から5cmのところで切る。
2. 器となる底部分の中身(白い部分)をくりぬき、3～4cm角に切ってトースターで焼く。これをくりぬいた部分に戻し入れる。
3. にんじん、長ねぎ、鶏もも肉は食べやすい大きさに切る。にんにくはみじん切りにする。

ホワイトソース作り

4. 鍋にマーガリンとサラダ油を熱し、にんにくを炒める。香りがしてきたら、にんじん、長ねぎ、鶏もも肉を入れ、さらに炒める。
5. 鶏もも肉の色が変わったら火を止め、薄力粉をふり入れてよく混ぜる。全体になじんだら再び火をつけ、弱火で1～2分炒める。
6. 牛乳と水を注ぎ入れて強火にし、木べらで混ぜながらしばらく煮る。とろみが出たら塩と砂糖で味を調える。

焼く

7. 2のパンの器に6を入れ、スライスチーズをちぎって散らし、予熱した200℃のオーブンで7分ほど焼く。1のフタ用のパンも一緒に焼く。

パン生地に おからをプラス! フライパンパン

価格 59円

調理時間 1時間40分

材料 1人分

パン生地

- 薄力粉 …… 150g
- おから …… 50g
- ドライイースト …… 小さじ½
- 砂糖 …… 小さじ½
- ぬるま湯 …… 120mℓ
- マーガリン …… 10g

カラメルバナナ

- バナナ …… ½本
- マーガリン …… 大さじ1
- 砂糖 …… 大さじ1½

- チョコレート … 8片（約30g）

パン生地を作る

1. 基本の食パンの作り方（p.8～9）1～4を参照し、生地を作り1次発酵させる。
2. 生地が2倍くらいに膨らんだらガス抜きをし、4等分して丸めなおし、そのまま10分休ませる。

カラメルバナナ作り

3. バナナは厚さ1cmの輪切りにする。
4. フライパンにマーガリンを熱し、バナナを入れて砂糖をふりかけ、両面を焼く。砂糖が焦げてカラメル状になればでき上がり。

成形

5. 2の生地を幅5cmくらいに細長くのばし、カラメルバナナとチョコレートをそれぞれ巻いていく。飛び出ているバナナとチョコレートを押し込んでまわりの生地で包み、形を整える。

2次発酵

6. フライパンに5を並べ、暖かいところに35～40分置いて2次発酵させる。生地が1.5倍くらいに膨らんだら発酵完了。

焼く

7. フタをして弱火で15分ほど焼く。途中で裏返し、両面をこんがりと焼き上げる。

手作りパスタに挑戦!!
基本の**生パスタ**

パスタマシーンを使って、
本格的なパスタ作りに
チャレンジ。
パスタの厚さや太さは
お好み次第。
生地を麺棒でのばし、
包丁でカットしてもＯＫです。

材料 3玉分

薄力粉	300g
卵	2個
サラダ油	大さじ1
塩	小さじ1
水	大さじ1～2
打ち粉（薄力粉）	適量

価格 45円

調理時間 1時間30分

1

2

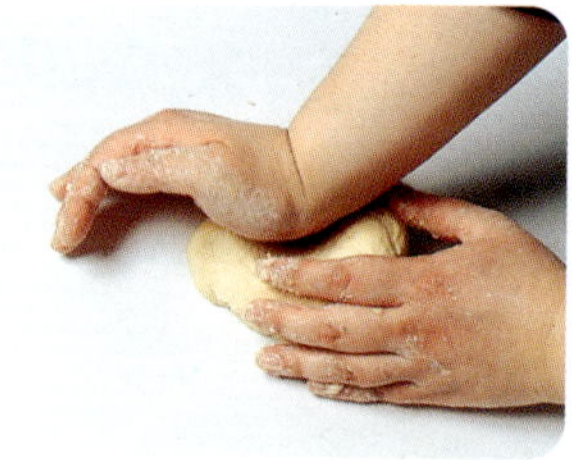

3

パスタ生地を作る

1. 台の上に薄力粉をまとめて置き、中央を広げてドーナツ状にして卵、サラダ油、塩を入れ、手で周囲の粉を少しずつ崩しながら混ぜ合わせる。

2. 粉が水分を吸ってポロポロの状態になったらひとつにまとめ、手のひらで押しつけるようにしてこねる。耳たぶくらいのやわらかさになるように水を加えて調整する。

3. 表面のきめが細かくなり、つやが出たら丸めてラップで包み、30～40分休ませる。

4. 3の生地を3等分して丸めなおす。

パスタを作る

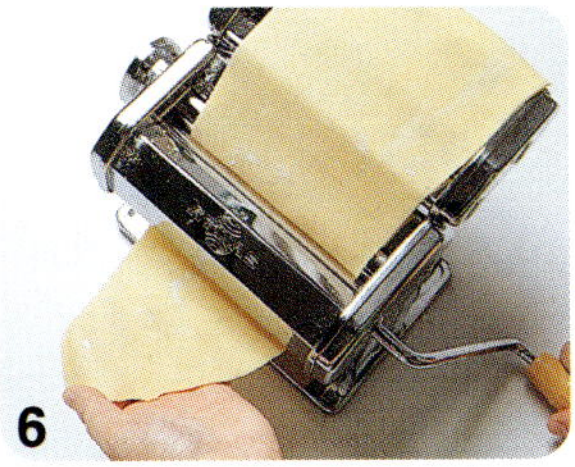
6

7

5. 打ち粉をした台の上で、1玉分の生地を麺棒でパスタマシーンに入る薄さにのばす。

6. 生地がくっつかないようにパスタマシーンに打ち粉をふり、5の生地を何回か通して厚さ1㎜くらいにのばす。生地が長くのびたら半分にカットし、さらにのばす。

7. パスタマシーンの刃の部分に生地を通し、パスタ状にカットする。切り終えたらよくほぐす。残りの生地2玉分も同様にパスタ状にする。

＊パスタはゆで上げて水気をしっかり切り、ラップで包んで冷凍保存する。

手打ちパスタはやっぱり絶品！
このもっちり感がたまらなくうまい～。のどごしがよくなめらかで、乾麺とはまた一味違うの。
パスタマシーンがあれは、ソースに合わせて太さもラクラク変えられます。

具だくさんのソース！

ミートソース生パスタ

価格 48円

調理時間 10分

材料 1人分

生パスタ（細麺。p.12参照）…1玉
ミートソース …………100g
水 ……………………500mℓ
塩 ……………………小さじ1
サラダ油………………少々

パスタをゆでる

1. 鍋に分量の水を入れて火にかけ、沸騰したら塩を加え、生パスタを1分ほどゆでる。

仕上げ

2. ミートソースを小鍋で温める。
3. ゆでたてのパスタにサラダ油をからめて皿に盛り、2のミートソースをかける。

作りおき　ミートソース

価格 164円

調理時間 50分

材料〈でき上がり500g分〉

鶏むね肉 ……150g
にんじん　⅔本（70g）
玉ねぎ… ½個（100g）
にんにく ………3片
ホールトマト（水煮）
……400g（1缶分）
塩 …………小さじ2
こしょう ………少々
酒 …………小さじ1
サラダ油 ………少々

下ごしらえ　1. 鶏むね肉は包丁でたたき、ひき肉状に細かく刻む。にんじん、玉ねぎ、にんにくはみじん切りにする。2. 鍋にサラダ油を熱し、にんじん、玉ねぎ、にんにくを炒める。玉ねぎが透き通ってきたら鶏むね肉を入れ、炒め合わせる。

煮る　3. ホールトマトを煮汁ごと加え、つぶしながら煮る。4. 塩、こしょう、酒を入れ、さらに弱火で15〜20分煮込む。5. 粗熱がとれてから密閉容器に移し、冷蔵庫で保存する。

イカゲソとクリーミーなソースが絶妙

イカゲソのトマトクリームスパ

材料 1人分

- 生パスタ（太麺。p.12参照）……100g
- 水……500mℓ
- 塩……小さじ1
- イカゲソ……25g
- キャベツ……1枚
- ミートソース（p.15参照）……100g
- マーガリン……5g
- 薄力粉……小さじ1
- 牛乳……100mℓ
- 塩、こしょう……各少々

価格 72円

調理時間 15分

ソースを作る

1. イカゲソは食べやすい大きさに切る。キャベツは芯を薄切りに、やわらかい部分をざく切りにする。
2. フライパンにマーガリンを熱し、キャベツの芯を炒める。火が通ったら薄力粉を加え、さらに炒める。
3. なじんだら牛乳を入れ、塩、こしょうで味つけする。
4. とろみが出たらイカゲソとミートソースを入れ、最後にキャベツのやわらかい部分を加え、しんなりしたらでき上がり。

パスタをゆでる

5. 鍋に分量の水を沸騰させ、塩を加えて生パスタを1分ほどゆでる。

仕上げ

6. ゆでたてのパスタを4に入れ、手早く混ぜて器に盛る。

和風だしが隠し味！

豚肉とネギの和風パスタ

価格 64円

調理時間 15分

材料 1人分

生パスタ（細麺。p.12参照）……100g
水……500mℓ
塩……小さじ1
サラダ油……少々
豚こま肉……50g
にんじん……10g
長ねぎ……45g
にんにく……1片
A［酒……大さじ3
　しょうゆ……大さじ2
B［和風だしの素（顆粒）、
　塩……各少々
サラダ油……適量

具を作る

1. にんじんは短冊切りに、にんにくはみじん切りにする。
2. フライパンにサラダ油を熱し、にんにくを炒める。
3. 香りが出たら豚こま肉とにんじんを入れて炒め合わせ、Aで味つけする。

パスタをゆでる

4. 鍋に分量の水を入れて火にかけ、沸騰したら塩を加え、生パスタを1分ほどゆでる。

仕上げ

5. ゆでたてのパスタにサラダ油をからめ、3に入れてさっと混ぜる。
6. Bで味を調え、短冊切りにした長ねぎを加えて手早く混ぜ、器に盛る。

やっぱりうどんは手打ちがいちばん！
基本のうどん／肉うどん

うどん作りは手や足でしっかりとこねるから
運動不足解消にぴったり！
でき上がったうどんはしこっしこでもっちもち。

価格 32円
調理時間 45分

材料

うどん生地〈4玉分〉

薄力粉 …………… 400g
水 ……………………… 230mℓ
塩……………… 小さじ1
打ち粉（薄力粉） …… 適量

肉うどん〈1人分〉

うどん ……………… 1玉
豚こま肉…………… 40g
玉ねぎ（薄切り） …… 10g

A	水	300mℓ
	和風だしの素（顆粒）	小さじ2/3
	しょうゆ	大さじ1
	酒	大さじ1
	塩	小さじ2/3
	砂糖	少々

生地を作る

1. ボウルに薄力粉と塩を合わせ、水を少しずつ加えながら手で混ぜ合わせる。粉が水分を吸ってねばねばとしてきたら、手のひらでおさえつけるようにしてこねる。

2. 粉気がなくなり、手にくっつかなくなったら、打ち粉をした台の上に取り出し、さらに15分ほどこねる。

3. 表面がなめらかになったらビニール袋に入れ、足で8分くらい踏む。

4. 3の生地を4等分して丸めなおす。3玉分はラップで包み、冷凍保存する。

1

2

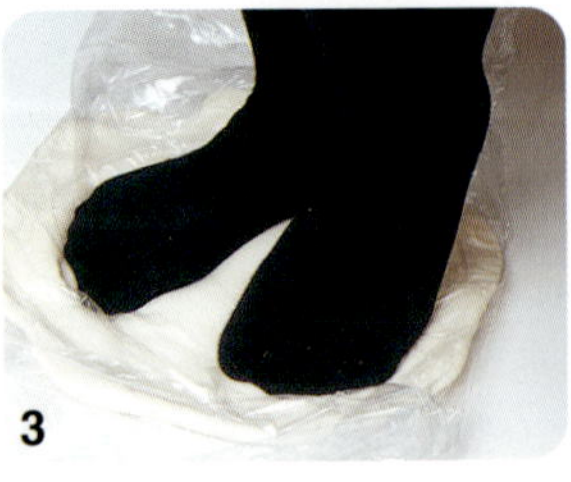

3

5

6

うどんを作る

5. 打ち粉をした台の上で、1玉分の生地を麺棒で厚さ2〜3㎜にのばす。

6. 生地に打ち粉をふり、三つ折りにして4〜5㎜幅に切る。切り終えたら軽く打ち粉をふり、丁寧にほぐす。

うどんをゆでる

7. 鍋にたっぷりの湯を沸かし、うどんを入れる。麺が浮き上がってきたら火を止め、そのまま2分ほど置いて余熱で火を通す。ざるに上げ、水気を切る。

かけ汁を作る

8. 鍋にAを入れて豚こま肉を加え、火にかける。沸騰したら火を弱め、アクを取り除いてしばらく煮る。

仕上げ

9. 器にゆでうどんを入れてかけ汁を注ぎ、玉ねぎを散らす。

小麦粉うどん、意外にしっかりとコシがあっていい感じ。ツルっと食べるときの音もまたかわいい〜。こんなにおいしいのに、一人で食べるのはもったいないなぁ。今日も完食。

肉うどん

価格 57円

調理時間 1時間

手打ちうどんをよもぎでアレンジ

カリカリあんかけうどん

価格 35円

調理時間 1時間10分

材料 1人分

よもぎうどん〈3玉分〉

よもぎ（または春菊）	10枚
薄力粉	300 g
塩	小さじ1
水	170mℓ
打ち粉（薄力粉）	適量

よもぎ天ぷら

よもぎ（または春菊）	3枚
薄力粉	大さじ2
水	大さじ3
揚げ油	適量

野菜あん

じゃがいも		1個（100 g）
玉ねぎ		⅛個（25 g）
にんじん		⅛本（15 g）
長ねぎ		3 cm
にんにく、しょうが		各1片
ごま油		小さじ1
A	和風だしの素（顆粒）	小さじ¼
A	水	200mℓ
A	しょうゆ	小さじ½
A	塩	小さじ1
A	こしょう	少々
水溶き片栗粉		
	片栗粉	小さじ1
	水	小さじ2

よもぎうどんを作る

1. よもぎを熱湯でさっとゆで、水気を絞ってすり鉢でする。
2. 基本のうどんの作り方（p.18）の1～3を参照し、1のよもぎを加えてうどん生地を作る。
3. でき上がった生地を3等分して丸めなおし、1玉分を半分にする。2½玉分はラップで包み冷凍保存する。
4. 基本のうどんの作り方（p.19）5～7を参照し、3のよもぎうどんの生地½玉分でうどんを作り、ゆでる。

よもぎ天ぷらを作る

5. 薄力粉と水を混ぜる。これによもぎを1枚ずつつけ、熱した油で揚げる。

野菜あんを作る

6. じゃがいもは一口大に切り、ラップで包み、電子レンジで1分加熱する。
7. 玉ねぎは薄切り、にんじんは短冊切りに、長ねぎは小口切りにする。
8. にんにく、しょうがはみじん切りにする。
9. フライパンにごま油を熱し、8を炒める。香りが出たら6、7を炒め合わせ、Aを加えてひと煮立ちさせる。
10. 水溶き片栗粉を9に回し入れ、とろみをつける。

仕上げ

11. 器に4のうどんを盛りつけて10のあんをかけ、よもぎ天ぷらをのせる。

ホッとするやさしい味

白菜たまごうどん

価格 31円

調理時間 30分

材料 1人分

うどん生地 (p.18参照)……………………1玉分

打ち粉 (薄力粉)……適量

かけ汁

白菜……………………1枚

にんじん……………5 g

溶き卵……………1個分

和風だしの素 (顆粒)……………小さじ½

しょうゆ……大さじ1

酒……………大さじ1

塩……………小さじ1

水……………………300mℓ

うどんを作る

1. 基本のうどんの作り方 (p.19) 5～7を参照し、うどんを作り、ゆでる。

かけ汁を作る

2. 白菜は芯の部分をそぎ切りに、葉をざく切りにする。にんじんは短冊切りにする。

3. 鍋にかけ汁の材料を入れ、白菜の芯とにんじんを加えて煮る。軽く火が通ったら葉の部分を加えてさらに煮る。

4. 溶き卵を回し入れて火を止め、フタをして卵がかたまるまで1分ほど置く。

仕上げ

5. 器に1のゆでうどんを入れ、4を注ぐ。

材料 1人分

うどん生地（p.18参照）
……………… 1玉分
打ち粉（薄力粉）………適量

カレー汁

鶏もも肉……………20g
にんじん ……1/8本（10g）
長ねぎ ………………7cm
カレー（p.29参照）
……………1/2カップ
和風だしの素（顆粒）
……………小さじ1/2
水 …………………150mℓ
サラダ油……………適量
水溶き片栗粉
片栗粉………小さじ1
水……………小さじ2
長ねぎ（青い部分）……適量

キング オブ ザ UDON!!

カレーうどん

価格 63円

調理時間 35分

うどんを作る

1. 基本のうどんの作り方（p.19）5〜7を参照し、うどんを作り、ゆでる。

カレー汁を作る

2. 鶏もも肉は1.5cm角に切る。にんじんは細切りに、長ねぎは斜め切りにする。

3. フライパンにサラダ油を熱し、鶏もも肉を炒める。色が変わったらにんじん、長ねぎを加え、炒め合わせる。

4. 土鍋に3と水、和風だしの素を入れ、5〜6分煮てからカレーを加え、なじむまでしばらく煮る。

仕上げ

5. 水溶き片栗粉を回し入れてとろみをつけ、1のゆでうどんを入れて1分ほど煮る。

6. 長ねぎの青い部分を小口切りにして散らす。

薄力粉でピザも作っちゃった!!

基本のピザ／きのこピザ

基本となる材料、作り方は、
食パンとほとんど同じ。
丸くのばした生地に
具をトッピングして焼けば、
ピザのでき上がりです。

価格 63円
調理時間 1時間10分

材料 直径20cm 1枚分

ピザ生地

薄力粉	150g
ドライイースト	小さじ½
塩	小さじ⅓
水	80〜90mℓ
マーガリン	20g
打ち粉	適量

具

きのこ（好みのもの）	50g
玉ねぎ	⅛個（25g）
にんにく	1片
鮭フレーク（鮭のあらを焼いて身をほぐしたもの）	1切れ分
スライスチーズ	1枚
トマトケチャップ	大さじ2
マヨネーズ	大さじ1
塩、こしょう	各適量

ピザ生地を作る

1. ボウルに薄力粉、ドライイースト、塩、水を入れ、手で混ぜ合わせる。粉気がなくなり全体に水分がなじんだら、手にくっつかなくなるまでこねる。水の量は、生地が耳たぶくらいのやわらかさになるように加減する。

1

2. 打ち粉をした台の上に生地を取り出し、マーガリンを加えてさらにこねる。マーガリンがなじんだら、たたきつけてはこねるを5分ほど繰り返し、なめらかな状態にする。

2

3

4

3. 表面のきめが細かくなり、つやが出たら丸めてボウルに入れ、ラップをかけて暖かいところ(35〜40℃)に25〜30分(冬なら40〜50分。電子レンジの発酵機能を利用する場合は約25分)置いて発酵させる。

4. 1.5倍くらいに膨らんだら発酵完了。生地を手で押してガス抜きし、丸めなおしてそのまま10分休ませる。

5

成形

5. 打ち粉をした台の上に4の生地を取り出し、麺棒を使って直径25㎝くらいに丸くのばし、そのままフライパンに入れてふちを折り返す。

トッピングする

6. きのこは石づきをとり食べやすい大きさにする。玉ねぎ、にんにくは薄切りにし、スライスチーズは細かくちぎる。

7. 5の生地にトマトケチャップとマヨネーズを塗り、きのこ、玉ねぎ、にんにく、スライスチーズ、鮭フレークをのせ、全体に軽く塩、こしょうをふる。

焼く

8. フライパンにフタをして、弱火で15分ほど焼いてでき上がり。

フライパンで簡単にできる、ぶっ飛ぶおいしさのピザです。超〜うまくて超〜シアワセ。節約生活なのにこんなにおいしいものばかり毎日食べていいのかなぁ……。ちょっと太っちゃったかも。

ピザ生地で具を包んじゃいました！

カルツォーネ

価格 119円

調理時間 1時間10分

材料 1枚分

ピザ生地

- 薄力粉 ………… 150g
- ドライイースト … 小さじ1/2
- 砂糖 ………… 小さじ1
- 塩 …………… 小さじ1/3
- 水 ………………… 80mℓ
- マーガリン ……… 15g
- 打ち粉 …………… 適量

具

- キャベツの芯…葉2枚分
- 玉ねぎ………1/4個（45g）
- トマト………1/2個（75g）
- にんにく…………… 1片
- スライスチーズ…… 1枚
- トマトケチャップ ……………大さじ1
- マヨネーズ … 大さじ2
- 塩、こしょう … 各適量
- サラダ油 ………… 適量

ピザ生地を作る

1. 基本のピザの作り方（p.24～25）の1～4を参照し、生地を作る。

具を作る

2. キャベツの芯、玉ねぎ、トマト、にんにくはそれぞれ薄切りにする。
3. フライパンにサラダ油を入れ、にんにくを炒める。香りが出たらキャベツの芯と玉ねぎを加えて炒め、塩、こしょうで味つけする。
4. トマトを加えて炒め合わせ、火を止めてトマトケチャップとマヨネーズを入れて和える。

具を包む

5. 打ち粉をした台の上に1の生地を取り出し、麺棒を使って直径30cmくらいに丸くのばす。4の具を置いてスライスチーズをちぎってのせる。
6. 生地を半分に折りたたんで具を包み、ふちをフォークの背でぎゅっと押さえて、しっかり閉じる。

焼く

7. 6をフライパンに入れてフタをし、弱火で10分ほど焼く。
8. 焼き上がったらオーブントースターに移し、表面に焼き色をつける。

卵の殻で歯ざわりサクサク

丸ごとたまごのピザ

価格 91円

調理時間 1時間15分

材料 直径25㎝1枚分

ピザ生地

薄力粉……150g
卵の殻……2個分
ドライイースト……小さじ1/2
塩……小さじ1/3
水……80〜90㎖
マーガリン……20g

具

鶏もも肉……45g
にんじん……1/9本（10g）
卵黄……1個
スライスチーズ……2枚
にんにく……1/8片
レタス……1枚
水……小さじ1
マヨネーズ……大さじ2
塩……少々
トマトケチャップ……大さじ3

ピザ生地を作る

1. 卵の殻をすり鉢ですって粉末状にする。これを薄力粉と合わせて台の上に置き、基本のピザの作り方（p.24〜25）の1〜4を参照し、生地を作る。

具を作る

2. 耐熱容器に鶏もも肉と水を入れ、ラップをかけて電子レンジで1分30秒加熱する。加熱が完了したら鶏もも肉を取り出し、一口大に切る。

3. にんじんは厚さ2㎜の半月切りにし、2の鶏もも肉と合わせてマヨネーズ、塩で和える。

トッピングする

4. 1の生地をクッキングシートの上で麺棒を使って直径25㎝くらいに丸くのばし、トマトケチャップを薄く塗る。

5. 4に3をのせ、細かくちぎったスライスチーズとみじん切りにしたにんにくを散らし、中央に卵黄をのせる。

焼く

6. 5をクッキングシートごと天板にのせ、予熱した220℃のオーブンで15分ほど焼く。

7. レタスを細かくちぎって軽く塩をふり、焼き上がったピザに散らす。

ほっかほかの中華まん!!

基本の**村上まん／カレーまん**

村上流中華まんの基本レシピです。
これをマスターすれば、
あとのアレンジレシピは簡単。
好みの具を包んで、
オリジナル中華まんを楽しんでね。

価格 52円

2個分 104円

調理時間 1時間10分

材料 2個分

生地

薄力粉	**150 g**
ドライイースト	**小さじ1/4**
塩	**小さじ1/4**
砂糖	**小さじ1/4**
水	**90ml**
打ち粉（薄力粉）	**適量**

カレーまんの具

カレー（p.29参照）	**160 g**
豚ひき肉	**40 g**
水溶き片栗粉	
片栗粉	**小さじ1**
水	**小さじ2**

生地を作る

1. ボウルに薄力粉、ドライイースト、塩、砂糖を入れ、水を少しずつ加えながら混ぜる。粉が水分を吸いねばねばとしてきたら、手のひらでおさえつけるようにしてこねる。

2. 粉気がなくなり、手にくっつかなくなるまでこねたら、打ち粉をした台の上に置く。表面がきめ細かく、なめらかな状態になるまで、たたきつけてはこねるを5分ほど繰り返す。

発酵

3. 表面のきめが細かくなり、つやが出たら丸めてボウルに入れる。ラップをかけて暖かい場所（35～40℃)に25～30分(冬なら40～50分。電子レンジの発酵機能を使う場合は約25分)置いて発酵させる。

具を作る

4. フライパンで豚ひき肉を炒める。白っぽくなったらカレーを加え、炒め合わせる。

5. 水溶き片栗粉を4に回し入れ、とろみがついたら火からおろす。

2

3

6

7

8

包む

6. 3の生地が2倍くらいに膨らんだら、手のひらで生地を押してガス抜きをする。2等分にして丸めなおし、10分休ませる。

7. 打ち粉をした台に6を取り出し、麺棒を使って直径20㎝くらいに丸くのばす。

8. 5の具を包み、5㎝角にカットしたクッキングシートを底にはりつける。

蒸す

9. 蒸気の上がった蒸し器に8を入れフタをして約15分蒸す。

9

中華点心などに使われるミニセイロ。そのまま食卓に出せるカワイイ奴！

ボリューム満点でうまさ際立つ大自信作のこの村上まん。この村上まんをバックアップしてくださる方いませんか？　絶対……に売れると思うの。小麦粉って夢が広がる……。

作りおき　カレー

価格 164円　調理時間30分

材料〈でき上がり700g分〉

- 鶏もも肉………… 60g
- にんじん　…1/8本(13g)
- 玉ねぎ　……1/8個(23g)
- にんにく　………… 1片
- 水 ……………… 500㎖
- カレールウ …… 100g
- 塩、こしょう… 各適量
- サラダ油………… 適量

下ごしらえ　**1.** 鶏もも肉、にんじんは一口大に、玉ねぎは薄切りに、にんにくはみじん切りにする。**2.** 鍋にサラダ油を熱し、にんにく、玉ねぎ、にんじんを炒める。しんなりしたら鶏もも肉を加えて炒め合わせる。

煮る　**3.** 塩、こしょうで味つけし、水を加えて煮る。**4.** 具材がやわらかくなったらカレールウを加え、さらに10分ほど煮込む。**5.** 粗熱がとれたら密閉容器に移し、冷蔵庫で保存する。

ハヤシまん

材料 1個分

鶏皮 …………………10g
カレー（p.29参照）………40g
トマトケチャップ
…………………大さじ1

1. 鶏皮を細切りにし、フライパンで炒める。
2. カレーとトマトケチャップを加え、炒め合わせる。

価格 24円

キンピラまん

材料 1個分

にんじん………$\frac{1}{8}$本（15g）
大根の皮 ……………15g
しょうが ……………5g
しょうゆ、砂糖、塩、こしょう
……………………各適量
ごま油 ………………適量

1. にんじん、大根の皮は細切りにする。しょうがはみじん切りにする。
2. フライパンにごま油を熱し、しょうがを炒める。香りが出たらにんじん、大根の皮を加え、炒め合わせる。
3. しょうゆ、砂糖、塩、こしょうを加えて味つけする。

価格 19円

●調理時間
合わせて1時間10分

※仕上げはp.28、29を参照。

甘い、うまい、幸せ!!

スイートポテトまん

価格 27円

●調理時間

合わせて1時間10分

材料 1個分

さつまいも	1/3本(50g)
砂糖	小さじ1
牛乳	大さじ2

1. さつまいもはゆでて皮をむき、たたいてつぶす。
2. 砂糖を加え、よく混ぜる。
3. 牛乳を人肌程度に温め、2に加えて混ぜ合わせる。牛乳の量は、でき上がりがねっとりとなるように加減する。

カスタードまん

価格 24円

材料 2個分

薄力粉	10g
砂糖	30g
卵黄	1個
牛乳	100ml

1. 薄力粉と砂糖を合わせてふるう。
2. 鍋に1を入れ、牛乳を少しずつ加えながら、ダマができないように泡立器でよく混ぜる。
3. 2を中火にかけ、絶えず混ぜながら煮る。沸騰したら火から下ろし、卵黄を加えて、とろみがつきつやが出るまでよく混ぜる。

皮はパリパリ！ 中身はジューシー!!

基本の餃子／ニラ餃子

焼けばパリパリ、ゆでればもっちり。
手作りした餃子の皮は、噛むほどに
小麦粉の味がじんわりと広がります。
強力粉と半々にすると
コシのある生地ができます。

材料 餃子の皮10枚分

薄力粉	120g
塩	小さじ½
熱湯	75㎖
打ち粉（薄力粉）	適量

価格 12円

調理時間 50分

生地を作る

1. ボウルに薄力粉と塩を合わせ、熱湯を少しずつ加えながら木べらで混ぜる。

2. 全体がなじんだら、手で3～4分かけてよくこねる。

3. 表面がなめらかになり、耳たぶと同じくらいのやわらかさにまとまったら、固く絞ったぬれぶきんで覆い、20～30分休ませる。

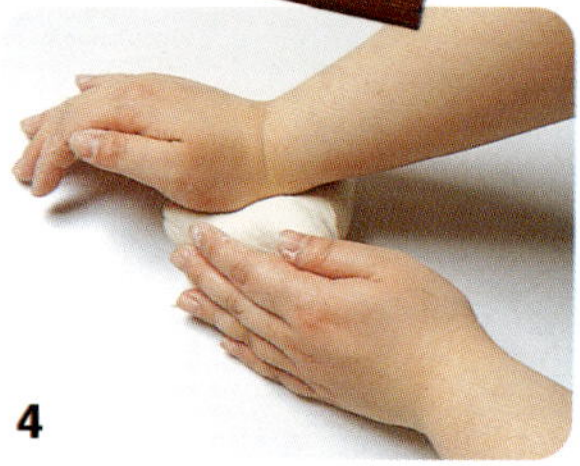

4

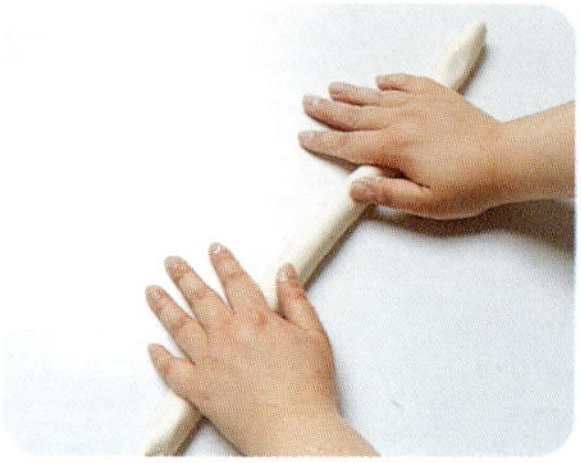

皮を作る

4. 打ち粉をした台に3の生地を置き、直径3㎝ほどの棒状にのばす。これを10等分に切る。

5. 4の生地を打ち粉の上で転がして丸め、手のひらを押し当ててつぶし、円形にする。

6. 麺棒で直径11～12㎝に丸くのばす。中央部を少し厚くしておくと、具を包んだときに均一な厚さになる。

1

2

6

価格 22円

調理時間 1時間

ニラ餃子

材料 5個分

餃子の皮 …………… 5枚
ノビル（またはニラ）…20g
牛すじ（ゆでたもの）…30g
長ねぎ ………$\frac{1}{4}$本（10cm）
しょうが …………… 1片
塩 ……………ひとつまみ
こしょう ……………少々
ごま油………… 小さじ1
水 …………………… 50mℓ
サラダ油…………… 適量

具を作る

7. ノビル、牛すじ、長ねぎ、しょうがはみじん切りにする。

8. ボウルに7を入れ、塩、こしょう、ごま油を加えてよく練り混ぜる。これを5等分する。

8

包む

9. 餃子の皮の中央に具を横長に置き、周囲に水をつけて長方形になるように包む。

9

焼く

10. フライパンにサラダ油を熱して9の餃子を並べ、水を回しかけてフタをする。中火で4～5分蒸し焼きにする。

11. ちょうどよい焼き色がついたらひっくり返し、フタをしてさらに3～4分焼く。

どこまでも広がる小麦粉バラエティー。基本さえ押さえれば後はアレンジし放題！ しゅうまいとかワンタンだってできます。このニラ餃子の具は河原で採って来た野草のノビル。とってもイケるお味です。

小麦粉の不思議

★ ★ ★

**パン、パスタ、うどん、村上まん、ピザ、餃子……。
村上知子は小麦粉の中の薄力粉を使って、
次々とレシピを作っています。
この薄力粉、いったいナニモノ？**

小麦粉は一般的にたんぱく質の含有量によって、多いものから「強力粉」「中力粉」「薄力粉」に分けられます。小麦粉の中に含まれているたんぱく質には、水を加えて練り合わせると次々に結合して、粘りや弾力のある網目状の物質に変わる性質があるんです。これが穀物の中でも唯一、小麦粉だけが持っている「グルテン」と呼ばれているモノ。実はこの「グルテン」が、村上の節約生活を支えていたのです。

薄力粉パンや村上まん、ピザの場合、グルテンは薄い膜をつくり、発酵時に発生するガスを外に逃さずしっかり包み込みます。すると、この閉じ込められたガスが熱を加えられることによって膨張し、生地がふっくらと膨らむのです。

うどんやパスタが細長くのび、餃子の皮が薄く丸くのびるのも、粘りと弾力をもつグルテンの網目構造のおかげ。つまり、グルテンが含まれていない米やとうもろこしの粉では、村上の多彩な節約レシピは誕生しなかったわけです。村上はすべて値段の安い薄力粉で料理をしましたが、下の表を参考に強力粉や中力粉も使うと、よりふっくら仕上がりますよ。

	強力粉	中力粉	薄力粉
グルテンの量	多い →	→	少ない
グルテンの性質	強い →	→	弱い
粒度	粗い →	→	細かい
主な用途	パン、餃子の皮、中華麺、ピザ	うどん、その他の麺類	ケーキ、菓子、てんぷら、その他の料理

ボタン一つで本格料理！

楽チン 電子レンジレシピ

１銭１円の浪費をも許されない節約生活。
そんな生活に欠かせないアイテムが「電子レンジ」。
ガス代のみならず手間ひまも削減してくれる
夢の家電で、節約生活のプロたちが生み出した
画期的な電子レンジテクの数々。
ガス代０円！
“オール電子レンジレシピ”を
ご紹介！

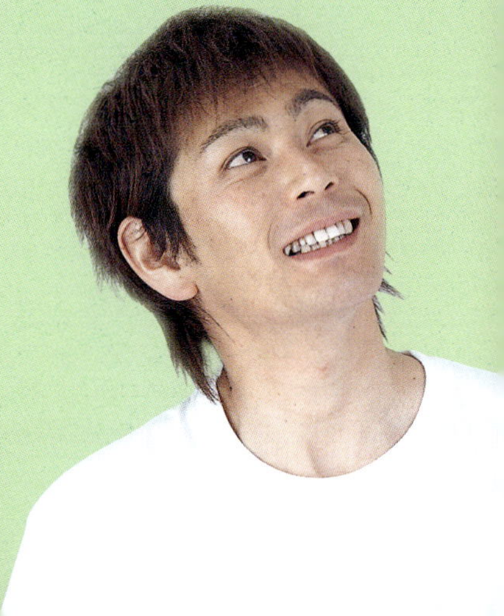

レンジで作る贅沢メニュー

チキンクリーム煮とケチャップスープ

価格 98円　調理時間20分

■材料〈1人分〉

チキンクリーム煮

鶏むね肉	100g
キャベツ（くし形切り）	1/8個（250g）
ホールトマト（水煮）	1個
スライスチーズ	1枚
牛乳	大さじ2
酒	大さじ1
塩、こしょう	各適量

ケチャップスープ

ピーマン（みじん切り）	1/4個
コンソメの素（キューブ）	1/2個（3g）
水	100mℓ
トマトケチャップ	小さじ2
牛乳	50mℓ

中村由真の小バッグ内職

節約生活中に始めた内職。ものすごい大荷物が届いてビックリ！出てきたのは、結婚式のお土産にティーバッグを入れるための小さな袋作りキットでした。説明書を見ながら作り始めること20分。やっと完成！でも……、時間かかりすぎ〜。これで1個 5円。結局、8日かけて、500個根性で作り終えました。部屋の中に小バッグがいっぱい！達成感に心も満足。

チキンクリーム煮を作る

1. 鶏むね肉の両面に塩、こしょうをし、幅1㎝のそぎ切りに。火が通りやすいようにフォークで数ヶ所穴をあける。
2. 耐熱皿に1の鶏肉を少しずつずらして置き、酒をふりかける。その横にホールトマトを薄切りにして並べる。
3. キャベツに塩、こしょうをふり2の皿にのせラップし、電子レンジで4分加熱する。
4. 耐熱ボウルにスライスチーズを適当な大きさにちぎって入れ、牛乳を加えてラップをかけずに、電子レンジで1分加熱する。
5. 4を混ぜ合わせ、3の鶏肉とキャベツの上にかける。

ケチャップスープを作る

1. カップにコンソメの素、水、トマトケチャップ、牛乳、ピーマンを順に入れ、電子レンジで1分加熱する。

SEL

かぼちゃに具を詰めて、丸ごとチン！

坊っちゃんかぼちゃの肉詰め

価格28円　調理時間25分

■材料〈1人分〉

坊っちゃんかぼちゃ ……… 1個（約250ｇ）
合びき肉 ……… 30ｇ
玉ねぎ ………… 20ｇ
しいたけ ………… 1枚
スライスチーズ … ½枚
溶き卵 ……… ½個分
塩、こしょう … 各適量

パンミミ ………… 2本

下ごしらえ

1. しいたけは石づきをとり、玉ねぎとともにみじん切りに。スライスチーズは粗く刻む。

2. かぼちゃはヘタの部分をフタ用に切り、中身をふち5～6㎜残してくりぬく。

3. ボウルに合びき肉と1のしいたけと玉ねぎを入れ、溶き卵を加えてよく混ぜ合わせる。塩、こしょうで味つけする。

4. 2のかぼちゃを丸ごと電子レンジで3分加熱する。

仕上げ

5. 2でくりぬいた果肉から種を取り除き、3に加えてよく混ぜ合わせる。これを4に詰め、1のチーズをのせ、ラップをして再び電子レンジで3分加熱する。

6. 5を器に盛り、トーストしたパンミミを刺し、かぼちゃのフタを添える。

手のひらサイズの坊っちゃんかぼちゃ。
普通のかぼちゃより甘くてホックホク!

橋本志穂の節約術★1「お掃除編」

どこのおうちにもある新聞紙。この新聞紙、濡らすだけでお役立ちアイテムに早変わりするんですよ。新聞紙をちぎって水に浸け、それを床に撒いてからほうきで掃くと、フローリングや畳の目に詰まったほこりがすっかりキレイに！さらに、濡らした新聞紙で窓拭きをすれば、インクの油が汚れを吸い取ってあっという間に窓拭き完了。ぜひ試してみて！

究極のリサイクルレシピ!!

残り物三色丼

価格 22円　調理時間 15分

■材 料〈1人分〉

ご飯 …………………………… 80g

A
- 白菜の芯（みじん切り）……… 150g
- 塩 ……………………… 小さじ1/2

にんじんの甘煮

B
- にんじん（せん切り）………… 30g
- 肉じゃがの残り汁（p.89参照）……………………… 大さじ2
- しょうゆ ……………… 小さじ1
- 砂糖 …………………… 小さじ1

豚そぼろ

C
- 豚ひき肉 ……………………… 30g
- 肉じゃがの残り汁（p.89参照）……………………… 大さじ2
- しょうゆ ……………… 小さじ1
- 砂糖 …………………… 小さじ1

ピリ辛ちんげん菜

D
- ちんげん菜の葉（みじん切り）…………………………… 20g
- 塩 ……………………… 小さじ1/10
- ごま油 ………………… 小さじ1/4
- ラー油 ………………… 小さじ1/8

下ごしらえ

1. 3つの耐熱容器にA、B、Cの材料をそれぞれ混ぜ合わせ、ラップをせずに電子レンジで4分加熱し、粗熱をとる。
2. ボウルにDの材料を入れ、よく混ぜる。

仕上げ

3. Aの水気をよく絞り、ご飯と混ぜて丼に盛る。
4. 3のご飯の上に汁気をよく切ったB、C、Dを盛りつける。

橋本志穂の節約術★2

「お料理編」

お料理の節約もアイデア次第。ご飯をまとめ炊きしたり、マヨネーズを使う分だけ手作りしたり……。面白くて手軽なのでおすすめなのが「玉ねぎ茶」。玉ねぎの皮をポットに入れてお湯を沸かせば、色鮮やかな玉ねぎ茶のでき上がり！ポリフェノールもたっぷりで血圧を抑える効果もあるんですよ。

コトコト煮込んだカレーと同じおいしさ!!

ガス代0円カレーライス

価格 99円　調理時間50分

■材料〈1人分〉

米 ……………… 3合
水 …………… 600㎖
じゃがいも …… 60g
にんじん ……… 60g
鶏むね肉 ……… 60g
玉ねぎ ………… 50g
にんにく（みじん切り）
………… 小さじ1
しょうが（みじん切り）
………… 小さじ1
サラダ油 … 小さじ1
カレールウ …… 40g
水 …………… 200㎖

下ごしらえ

1. じゃがいも、にんじん、鶏むね肉は一口大に切る。玉ねぎは薄切りにし、カレールウは細かく刻む。

2. 炊飯器に洗った米を入れて水を注ぎ、1のじゃがいも、にんじん、鶏むね肉を端にのせて普通に炊く。

3. 耐熱ボウルににんにく、しょうが、玉ねぎを入れ、サラダ油を加えてよく混ぜ合わせる。それを、ラップをせずに電子レンジで1分加熱する。

仕上げ

4. 3に水を加えてカレールウを入れ、ラップをして電子レンジで3分加熱する。

5. 炊き上がった炊飯器から、ご飯150gとじゃがいも、にんじん、鶏むね肉を取り出し器に盛り4のカレーをかける。

＊残りのご飯はラップで包み、冷凍庫で保存する。

橋本志穂の節約術★3「光熱費編」

使わないコンセントを抜いて待機電力を最低限までカットする術はよく知られていますよね。もうひと工夫して徹底的に光熱費を節約します。冷蔵庫の中にアルミホイルを貼って冷却効果を上げて、温度調整は「弱」に。ドアの開閉のときに冷気が逃げないように、ビニールシートで覆えば完璧！さらに、洗濯の水はシャワーを使うときに水からお湯に変わるまでの水を貯めたものを使います。小さなことでも積み重なると結構大きいですよ。

チョリソ 手作りだから辛さもお好みで！

価格69円 調理時間20分

■材料〈3本分〉

豚ひき肉 ……… 120g
玉ねぎ …………… 20g
にんじん…………… 6g
ピーマン ………… 1/3個
赤唐辛子 ………… 1/2本
卵白 ……………… 1/2個分
塩 …………… 小さじ1/2

ソース

マヨネーズ … 大さじ1
ウスターソース
……………… 大さじ1

つけあわせ

キャベツ ………… 80g
玉ねぎ …………… 10g
にんじん…………… 5g
塩 …………… 小さじ2/5

肉だねを作る

1. 玉ねぎ、にんじん、ピーマンをみじん切りにする。

2. 赤唐辛子は種を取り除き、小口切りにする。これを1の玉ねぎと合わせ、均一に混ぜながらさらに細かく刻む。玉ねぎと赤唐辛子がなじんだら、にんじんとピーマンを加え、よく混ぜ合わせる。

3. ボウルに豚ひき肉を入れ、塩を加えてよく練り混ぜる。粘り気が出てきたら卵白を加え、さらによく混ぜる。全体がなじんだら2を加えて混ぜ合わせ、3等分にする。

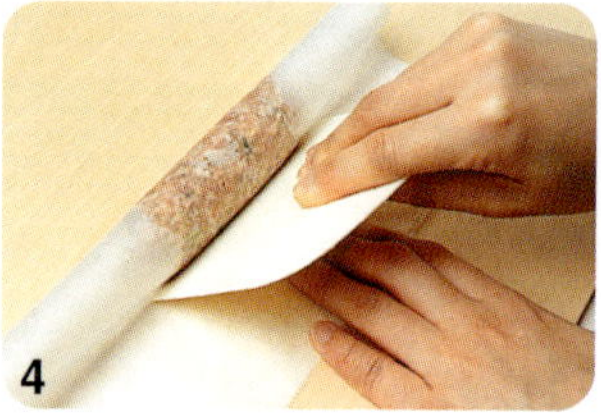
4

加熱する

4. 20×25㎝くらいのクッキングシートを3枚用意し、3をそれぞれにのせ、カード（または包丁の背）で押しながら直径2.5㎝くらいの細さに巻く。巻き終わったらクッキングシートの両端をねじり、キャンディ状にする。

5. 4を耐熱皿に並べ、電子レンジで4分加熱する。

仕上げ

6. 加熱している間に、ソースの材料を混ぜ合わせ、つけあわせ用の野菜をせん切りにして合わせ、塩をふる。

7. 5の加熱が完了したらクッキングシートをはがし、斜めに切って器に盛る。ソースをかけてせん切り野菜を添える。

コック三瓶、自慢の包丁セット

節約生活のために用意した包丁は全部で8本。出刃包丁は魚をおろすとき用に、菜切り包丁は野菜を切るとき用……、といった具合に、料理の目的によって使い分けるためです。ちょっと手入れを怠ると、すぐに傷んでしまうので、大事に包丁を研ぐことは料理の基本のきです。

野菜あんかけおこげ

価格 **52** 円　調理時間 **25** 分

■材料〈1人分〉

ご飯 …………… 150g
小松菜 …………… 2株
にんじん ………… 30g
長ねぎ …………… 30g
しょうが（みじん切り）
…………… 小さじ1
にんにく（みじん切り）
………………… ½片

A
- 水 ………… 150mℓ
- コンソメの素（顆粒）
- ………… 小さじ¼
- ごま油 … 小さじ1
- こしょう …… 少々

しょうゆ …… 小さじ2
水溶き片栗粉
　片栗粉 …… 大さじ1
　水 ………… 大さじ2

下ごしらえ

1. ご飯はオーブントースターの天板に広げ、両面を色づく程度に焼く。
2. 小松菜はざく切りにし、にんじん、長ねぎは細切りにする。

仕上げ

3. 耐熱容器にAを合わせ、しょうが、にんにく、しょうゆを加える。ここに2の野菜を入れ、ラップをかけて電子レンジで3分加熱する。
4. 3に水溶き片栗粉を加えてよく混ぜ、ラップなしでさらに1分30秒加熱し、あんを作る。
5. 1のご飯を食べやすい大きさにちぎって器に入れ、4のあんを熱いうちにかける。

いとうまい子の節約生活の基本「家庭菜園～種まき」

この節約生活、自家製野菜で乗り切ることを決意。ベランダに置いた発泡スチロールに土を運ぶため、畑と部屋を汗だくになりながら自転車で数十回も往復！ 6時間半かかりました。まいた種は、ほうれん草、小松菜、ラディッシュ、二十日大根。すべて1袋50円。思ったより疲れた～。でもここで頑張っておけば、あとあときっといいことがあるはずですよね！

ほうれん草たっぷり、ヘルシーハンバーグ!!

ポパイバーグ

価格 53円　調理時間 25分

■材料〈1人分〉

ほうれん草	50g
玉ねぎ	30g
豚ばら肉	25g
にんにく	½片
パンミミ	1本
薄力粉	大さじ½
ご飯	15g
塩	小さじ¼
こしょう	少々
ソース	
トマトケチャップ	大さじ1
ウスターソース	大さじ1
つけあわせ	
キャベツ	50g
にんじん	20g
A 塩	小さじ¼
A こしょう	少々
A サラダ油	小さじ1
ラディッシュ	1個
塩	適量

下ごしらえ

1. 玉ねぎ、豚ばら肉、にんにくはみじん切りにする。パンミミはすりおろしてパン粉状にする。
2. ほうれん草は洗って軽く水気を切り、2等分に切ってラップで包み、電子レンジで50秒加熱する。
3. 2のほうれん草を軽く水にさらし、キッチンペーパーで水気をとりみじん切りに。
4. ボウルにほうれん草と玉ねぎ、豚ばら肉、にんにくを合わせ、パンミミ、薄力粉、ご飯を加えて塩、こしょうし、よく練り混ぜる。全体がなじみ、粘り気が出てきたらハンバーグの形にする。
5. つけあわせ用のキャベツをざく切りにし、にんじんを短冊切りにする。これをボウルに入れ、Aを加えて混ぜ合わせる。

仕上げ

6. 耐熱皿に4のハンバーグと、5のキャベツ、にんじんをのせ、ラップをかけて電子レンジで6分加熱する。
7. その間にソースの材料を混ぜ合わせ、ラディッシュを縦半分に切って塩をふる。
8. 6を電子レンジから取り出してラップをはずし、ハンバーグにソースをかけ、ラディッシュを添える。

彩り鮮やか、あっさりリゾット！

野菜リゾット

価格 49 円　調理時間 13 分

材料〈1人分〉

ご飯 …………… 150 g
玉ねぎ ………… 100 g
にんにく …… 小さじ1
トマト …………… 50 g
小松菜 …………… 30 g
スライスチーズ … 1枚
二十日大根 ……… 2本
ラディッシュ …… 1本
水 ……………… 120㎖
コンソメの素（顆粒）
…………… 小さじ½
サラダ油 …… 小さじ1
塩 ………… 小さじ¼
こしょう ………… 少々

下ごしらえ

1. 玉ねぎ、にんにくはみじん切りにする。トマトは1㎝角に切り、小松菜はざく切りにする。ラディッシュは薄切りにする。
2. 耐熱容器に玉ねぎ、にんにく、サラダ油を入れてよく混ぜ、ラップをせずに電子レンジで1分加熱する。

仕上げ

3. 2にご飯、水、コンソメの素を入れ、トマトを加えてかき混ぜ、ラップなしで電子レンジで7分加熱する。
4. 小松菜を加えて塩、こしょうで味を調え、小さくちぎったスライスチーズを加えて、手早く混ぜる。
5. 4をラップなしで1分加熱し、ラディッシュを散らし、二十日大根を添える。

いとうまい子の節約生活の基本「家庭菜園～発芽」

毎朝お水をあげて、大事に大事に育てたかいがあって、5日目にかわいい芽がひょっこり。隣のお部屋で挑戦していた村上知子ちゃんもとても気になるようです。大きくなる日が待ち遠しい家庭菜園とは別に、ペットボトルとタンスを利用して、手軽に育つもやしの栽培も始めました！

野菜ポタージュ

栄養満点、食べ応え充分！

価格 14円　調理時間 10分

ラディッシュ

二十日大根

■材料〈1人分〉

ほうれん草 ……………… 60g（6株）
ラディッシュ …………………… 2本
二十日大根 ……………………… 2本

A
- 水 ………………………… 200mℓ
- にんにく（薄切り） ………… 1片
- コンソメの素（顆粒）… 小さじ$\frac{1}{2}$
- 塩 …………………… 小さじ$\frac{1}{4}$
- こしょう ………………… 少々

下ごしらえ

1. ほうれん草は洗って軽く水気を切り、ラップで包む。
2. ラディッシュを縦半分に切り、二十日大根と一緒にラップで包む。
3. 1と2を電子レンジに入れ、1分加熱する。
4. 耐熱容器にAを入れて混ぜ合わせる。

仕上げ

5. 3のほうれん草を冷水にとり、水気をよく絞ってから細かく刻む。これを4に加え、ラップをして電子レンジで3分加熱する。
6. でき上がったポタージュに、2の二十日大根とラディッシュを盛りつける。

いとうまい子の
節約生活の基本

「家庭菜園～収穫」

16日目、やっと小松菜の収穫です。やわらかくってつやつや！早速、ミキサーで小松菜ジュースを作って仕事先へ。食物繊維たっぷりのヘルシージュースは共演者からも大好評。20日目には、その名の通り二十日大根も収穫。待ちきれず採れたてをじょうろの水で洗ってパクッ。みずみずしくっておいしい～。手塩にかけて育てた野菜は味が格別！

ホワイトソースもレンジで作っちゃお！

ポテトグラタン＆ポテトスープ

価格45円　調理時間30分

■材料〈1人分〉

ポテトグラタン

じゃがいも……1個（100g）
玉ねぎ………1/2個（90g）
ホワイトソース
　マーガリン………15g
　薄力粉………大さじ1
　塩…………小さじ1/5
　牛乳……………100mℓ
スライスチーズ……1/2枚

ポテトスープ

じゃがいもの皮…1個分
玉ねぎ………1/8個（20g）
水…………………150mℓ
コンソメの素（顆粒）
　……………小さじ1 1/2
塩……………………適量

ポテトグラタンの下ごしらえ

1. じゃがいもと玉ねぎは皮をむいて薄切りにし、耐熱皿に並べてラップをかけ、電子レンジで4分加熱する。

ホワイトソースを作る

2. マーガリンを室温に置いてやわらかくする。
3. 耐熱ボウルに2と薄力粉を入れてよく混ぜ、ペースト状にする。
4. ラップをかけて電子レンジで1分30秒加熱し、泡立器でかき混ぜる。
5. 室温に置いた牛乳を少しずつ加えながら混ぜ合わせ、塩で味を調える。これをラップなしで、電子レンジで3分加熱する。電子レンジから取り出し、かき混ぜて再びラップなしで3分加熱する。

仕上げ

6. 1にホワイトソースをかけ、スライスチーズをちぎって散らし、予熱したオーブントースターで5～6分焼く。

ポテトスープを作る

1. じゃがいもの皮と玉ねぎは細切りにする。
2. 鍋に1と水、コンソメの素を入れて火にかけ、具材がやわらかくなったら塩で味を調え、沸騰直前に火から下ろして器に注ぐ。

久保恵子の**じゃがいもうんちく**

じゃがいもは高血圧にとても効果のある食材なんです。というのは、1個の中にカリウムが600mgも含まれているから。カリウムには血圧を抑える作用、利尿作用、むくみを取る作用などがあります。また、アトロピンも多く含まれていて、胃腸の働きを活発にしてくれます。その上、食物繊維がたっぷり。ちなみに、ドイツでは200種類以上のじゃがいもレシピを知らないとお嫁にいけないそうですよ。

電子レンジでここまでできる!

手間いらずの楽チン下ごしらえ

ちょっと面倒なのが、お料理の下ごしらえ。電子レンジならボタン一つでOK。知っておくと便利なレンジ技をご紹介します。

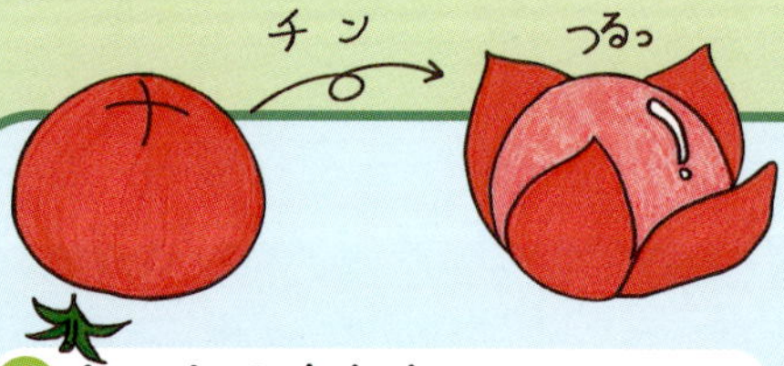

1 トマトの皮むき

トマトはヘタを取っておしりに十文字の切り込みを入れ、ラップに包んで30秒ほど加熱(1個約200g)。冷水にとって皮をむくと、簡単につるり!

2 豆腐の水切り

キッチンペーパーで包み、耐熱容器にのせてラップをかけずに2～3分加熱(1丁300g)。途中でキッチンペーパーを取り替えれば、さらに水気がしっかり切れます。

3 果汁がたっぷ～り

かたいレモンやオレンジなどを絞りたいとき、ラップに包んで30秒加熱(1個)すれば、やわらかくなって、果汁が絞りやすくなります。

4 刺身の半解凍

耐熱容器にキッチンペーパーを敷き、刺身をのせて弱170Wで約1分(100g)。途中で指で押してみて、様子を見ながら加熱。切ったときにシャリッと音がするくらいの、半解凍でストップ!

5 油揚げの油ぬき

耐熱容器に油揚げを入れ、水をかぶるぐらい入れます。落としブタの要領で油揚げにラップをかぶせ、2分加熱(1枚)。キッチンペーパーで水気と油を拭き取ります。

節約美食！
なんちゃってレシピ

パンミミがエビチリへ…
卵白が鶏肉へ…
そして木綿豆腐がフォアグラへと姿を変える奇跡。
調理法に悩む半端な食材も知恵を絞れば、
グルメな一品に！
節約しながら美食に浸る！ 贅沢レシピの競演!!

パンのミミがえびチリに変身!!

パンチリ&芙蓉蟹もどき&長ねぎとしいたけの軸のスープ

価格 54円

調理時間 35分

食感はまさにえび！
この安さ、感動です。

材料 1人分

パンチリ

パンミミ……6本
にんにく（みじん切り）……1/2片
しょうが（みじん切り）……3g
長ねぎ（みじん切り）……5g
玉ねぎ（みじん切り）…1/8個（20g）
片栗粉、塩、こしょう…各適量
ラー油……小さじ2
サラダ油……適量

A
- 和風だしの素（顆粒）……小さじ1/5
- トマトケチャップ…大さじ3
- 酒……大さじ1
- 砂糖……小さじ2
- 酢……小さじ1/2
- 水……100mℓ

水溶き片栗粉
- 片栗粉……小さじ1/2
- 水……小さじ1

芙蓉蟹もどき

溶き卵……1個分
玉ねぎ（薄切り）……1/8個（20g）
コンソメの素（顆粒）…小さじ1/5
水……65mℓ
しょうがの絞り汁…小さじ1/4
しょうゆ……小さじ1
砂糖……小さじ1/5
塩、こしょう……各適量

水溶き片栗粉
- 片栗粉……小さじ1/2
- 水……小さじ1

サラダ油……適量

長ねぎとしいたけの軸のスープ

しいたけの軸……2本
玉ねぎ……1/16個（10g）
長ねぎ……3g
和風だしの素（顆粒）…小さじ1/5
水……150mℓ
塩、こしょう……各適量

パンチリを作る

1

1. パンミミは塩、こしょうして、端からロール状に巻き、楊枝でとめる。これに片栗粉をまぶし、サラダ油を熱したフライパンで両面を軽く焼いて取り出す。粗熱がとれたら楊枝をぬく。
2. きれいにしたフライパンにラー油を入れ、にんにく、しょうがを炒める。香りが出たら玉ねぎ、長ねぎを加えて炒める。
3. Aの材料を合わせて2に加える。沸騰したら塩、こしょうで味を調え、水溶き片栗粉を回し入れてとろみをつける。
4. 1を入れてからめ、器に盛る。

芙蓉蟹もどきを作る

1. コンソメの素と水を合わせ、よく混ぜてコンソメスープを作る。
2. フライパンにサラダ油を熱して玉ねぎを炒め、塩、こしょうで味を調える。
3. 溶き卵に2を入れ、1のコンソメスープから大さじ1を加えて混ぜ合わせる。
4. きれいにしたフライパンにサラダ油を熱し、3を流し込んで焼く。両面が焼けたら皿に盛りつける。
5. 鍋に残りのコンソメスープとしょうがの絞り汁、しょうゆ、砂糖、塩、こしょうを加えて火にかけ、沸騰したら水溶き片栗粉を加えてとろみをつけ、4にかける。

スープを作る

1. 長ねぎは小口切りにする。玉ねぎは薄切りに、しいたけの軸は半分に切る。
2. 鍋に和風だしの素と水を入れ、しいたけの軸、玉ねぎを加えて火にかける。沸騰したら塩、こしょうで味を調え、長ねぎを散らして器に注ぐ。

いきなり！スープチャーハン

スープのだしは干し野菜のもどし汁

価格 44円

調理時間 30分

押し麦にはビタミン、カルシウム、食物繊維が豊富。しかもとっても安いんですよ。

チャーハンを作る

1. フライパンにサラダ油とにんにく、しょうがを入れて火にかける。香りが出たら豚ひき肉、にんじん、長ねぎを加え、炒め合わせる。
2. 豚ひき肉に火が通ったらフライパンの端に寄せ、空いた所に溶き卵を流し入れる。
3. 卵が半熟状になったら押し麦ご飯を加え混ぜ合わせる。
4. 全体がなじんだら塩、こしょうで味を調える。でき上がったら5等分し、小さなおにぎりにする。

スープを作る

5. 干ししいたけは水大さじ2に、干し大根は水300mlにそれぞれ浸けてもどす。
6. 長ねぎは、内側の芯の部分を小口切りにする。外側は仕上げ用に取り置く。
7. 鍋に5をもどし汁ごと入れて火にかけ、沸騰したらしいたけ、大根を取り出す。
8. 7の鍋にコンソメの素を入れて味つけし、長ねぎを加え、水溶き片栗粉を回し入れてとろみをつける。

仕上げ

9. にんじんと7の大根をせん切りにする。6で取り置いた長ねぎを白髪ねぎにする。
10. フライパンにごま油を熱し、にんじんを炒める。油がまわったら7のしいたけと9の大根を加えて炒め、コンソメの素で味を調える。
11. 器に4を盛りつけ、10をのせて白髪ねぎを添え、8のスープを注ぐ。

干ししいたけ、干し大根 干しきゅうり

材料 しいたけ…2枚
大根…1/4本
きゅうり…1本

1. しいたけは薄切りに、大根は薄い輪切りに、きゅうりは薄い斜め切りにする（それぞれ、2～3㎜厚さに切る）。
2. ざるに1を並べ、屋外で1日干す。

ご飯ため炊き（土鍋）

価格 314円／調理時間 1時間

材料〈15食分　1食120g〉米…640g／押し麦…160g／水…880ml

作り方 1. 米と押し麦を洗い、ざるにあけて水気を切り、そのまま30分おく。
2. 土鍋に1と分量の水を入れてフタをし、中火で5分炊く。3. 沸騰したら強火にし、30秒ほどおく。4. パチパチッと音がしてきたら弱火にし、14分炊く。
5. 火を止める寸前に再び強火にし、10秒ほどおいて火を止める。そのまま10分蒸らす。6. 蒸らし終わったら15等分し、それぞれラップで包み冷凍保存する。
＊栄養価の高い押し麦でかさ増しをします。

材料 1人分

チャーハン

- 押し麦ご飯 ………… 120g
- 豚ひき肉 …………… 50g
- にんじん（みじん切り）… 10g
- 長ねぎ（みじん切り）…… 5cm
- 溶き卵……………… 1個分
- にんにく（みじん切り）… $\frac{1}{2}$片
- しょうが（みじん切り）… 5g
- 塩、こしょう ……… 各適量
- サラダ油 …………… 適量

スープ

- 干ししいたけ …… $\frac{1}{3}$枚分
- 干し大根 ………… $\frac{1}{10}$本分
- 長ねぎ ……………………… 5cm
- コンソメの素（顆粒）
  - ………………… 小さじ1
- 水 …………………… 適量
- 水溶き片栗粉
  - 片栗粉 ……… 小さじ1
  - 水 …………… 小さじ1

- にんじん……………… 10g
- コンソメの素（顆粒）… 少量
- ごま油 ………… 小さじ$\frac{1}{2}$

干し野菜のそぼろ煮

大根のシャキシャキ感がたまらない!!

価格 72円

調理時間 30分

材料 1人分

干し野菜のそぼろ煮

- 干ししいたけ（p.60参照）……… 1/2枚分
- 干し大根（p.60参照）………… 1/10本分
- ごぼう……………………………… 6cm
- にんじん ………………………… 20g
- 豚ひき肉 ………………………… 60g
- 万能ねぎ（小口切り）…………… 1本
- 水…………………………………… 100mℓ
- A
  - 酒 ……………………… 小さじ1/2
  - しょうゆ ……………… 小さじ1/2
- B
  - 和風だしの素（顆粒）… 小さじ1/5
  - 酒、しょうゆ、砂糖… 各大さじ1
  - 塩 ……………………… 小さじ1/5
- サラダ油 ……………………… 適量

みそ汁

- 和風だしの素（顆粒）……… 小さじ2/5
- みそ ……………………………… 10g
- もやし …………………………… 25g
- 万能ねぎ（小口切り）…………… 1本
- 水…………………………………… 150mℓ

- 押し麦ご飯（p.60参照）………… 120g
- あさりの佃煮 …………………… 10g

干し野菜のそぼろ煮を作る

1. 干ししいたけと干し大根を、分量の水に浸けてもどす。
2. ごぼうはこすり洗いした後、小さめの乱切りにし、酢水（分量外）に浸けておく。にんじんも小さめの乱切りにする。
3. 豚ひき肉にAを加え、混ぜる。
4. 鍋にサラダ油を熱し、水気を切った1の大根と2を炒める。
5. 全体に油がまわったら1のしいたけともどし汁100mℓとBを加える。沸騰したら3の豚ひき肉を入れて中火にし、アクを取り除いてから落としブタをして、煮汁がほとんどなくなるまで煮込む。
6. 器に盛り、万能ねぎを散らす。

みそ汁を作る

1. 鍋に水と和風だしの素を沸騰させ、もやしを加える。
2. もやしに火が通ったらみそを入れて火を止め、万能ねぎを散らす。

干し野菜から旨みがたっぷり！簡単でおいしいですよ。

あさりの佃煮

価格 61円／調理時間 10分

材料〈120g分〉あさり…400g／酒…少々／A［砂糖、酒、しょうゆ…各大さじ1 1/2／和風だしの素（顆粒）…小さじ1/2］

1.フライパンにあさりを入れ、酒をふってフタをし、中火で4～5分蒸す。2. あさりの殻が開いたらざるにあけて汁を切り、あさりの身を取り出す。3. 鍋にAを入れて火にかけ、沸騰して煮詰まってきたらあさりの身を加え、強火で炒る。4. 汁気がほとんどなくなるまで煮詰めて完成。

＊あさりの蒸し汁は冷蔵庫で保存し、みそ汁や煮もののだしに使う。

節約食材で作っちゃいました

ブヒ寿司

節約生活最後の夜に作った思い出の一品。
うまい！

価格55円
調理時間20分

材料 1人分

ご飯……………………120g
ゆで豚 ………………50g
大根 …………………3.5cm
長ねぎ…………………5cm
にんじん………………5g
合わせ酢
　酢 ……………大さじ1
　塩 ……………小さじ1/2
　砂糖 …………小さじ4/5
調味料A
　しょうゆ ……小さじ1
　砂糖 …………小さじ1
調味料B
　みそ …………小さじ1/2
　砂糖 …………小さじ1/5
調味料C
　サラダ油 ……小さじ1/2
　塩 ……………小さじ1/5
マヨネーズ ……小さじ1
塩…………………………適量
飾り用
　大根（かつらむきしたもの）
　　……………………1枚
　にんじん（かつらむきしたもの）
　　……………………1枚
　塩…………………………少量

下ごしらえ

1. 長ねぎは斜め切り、にんじんは極細かいみじん切りにし、それぞれラップをして、電子レンジで1分30秒加熱する。
2. 大根はかつらむきにし、塩を軽くふりしばらく置く。
3. 合わせ酢の材料を合わせ、ラップをして電子レンジで30秒加熱する。
4. 調味料Aは、ラップなしで電子レンジで30秒加熱する。

仕上げ

5. ご飯に3の合わせ酢を回しかけ、しゃもじなどで切るように混ぜる。
6. ゆで豚は半分を2枚に薄くスライスし、残りをみじん切りにする。
7. みじん切りにしたゆで豚は、マヨネーズで和える。
8. 調味料Bを合わせ、1の長ねぎを加えて混ぜる。
9. 1のにんじんと調味料Cを混ぜ合わせる。
10. 5の酢めしを5等分してにぎり、2の大根で軍かん巻きにする。
11. 3かん分に7、8、9をそれぞれのせる。残りの2かん分にはゆで豚のスライスを1枚ずつのせ、表面に4を塗る。

飾り用の野菜を作る

12. 飾り用の大根とにんじんに塩を軽くふってしばらく置く。
13. 12をそれぞれ半分に折り、端から5mm間隔で切り目を入れ、端から巻く。これを11に添える。

ゆで豚

価格299円／調理時間1時間

材料 豚肩ロース肉…800g／豚骨…2本／しょうが（皮つきのまま薄切り）…50g／長ねぎ（青い部分）…10cm／塩…小さじ2／水…3ℓ

作り方 1. 鍋に湯をたっぷり沸かし、豚骨を入れてゆでる。表面が白っぽくなったら取り出し、流水で汚れやアクをきれいに洗い流す。2. 寸胴鍋に豚肩ロース肉と1の豚骨、分量の水、しょうが、長ねぎ、塩を入れて強火にかける。沸騰したら中火にし、アクを取りながら30〜40分ゆでる。3. 豚肉に竹串を刺し、透き通った汁が出てくればゆで上がり。火を止め、そのままの状態で人肌程度（32〜34℃）まで冷ます。4. 冷めたら豚肉を取り出し、ざるにふきんを敷いてゆで汁をこす。5. ゆで豚をラップでしっかり包み、冷凍庫で保存する。こしたゆで汁も小分けにして冷凍保存する。

ブヒ丼

干し豚で豪華な丼！

価格53円

調理時間5分

材料 1人分

ご飯	120g
干し豚	100g
キャベツ	100g
長ねぎ（白い部分）	5cm
塩	小さじ1/5
サラダ油	小さじ1/2

下ごしらえ

1. 干し豚は薄切りにする。
2. キャベツはせん切りにし、塩、サラダ油で和える。
3. 長ねぎを白髪ねぎにする。

仕上げ

4. 丼にご飯を入れて2をのせ、干し豚を並べる。これにラップをかけ、電子レンジで30秒加熱する。
5. ラップを取り、白髪ねぎを飾る。

干し豚

価格172円

調理時間5〜6日

材料 豚肩ロース肉…500g／しょうが…10g／A［赤唐辛子…2本／しょうゆ…100㎖／酒…大さじ2］

1. 保存袋に豚肩ロース肉とAを入れてよくもみ、冷蔵庫で2日間寝かせる。2. 豚肉を袋から取り出し、汁気を軽く拭き取って、3〜4日陰干しする。3. 2をラップでしっかり包み、冷凍庫で保存する。
＊半年間は保存可能。

価格 73円

調理時間 20分

片栗粉でサックリ揚げて！

ぶ竜田揚げ定食

材料 1人分

干し豚（p.66参照）……100g

片栗粉……大さじ2

揚げ油……適量

大根……80g

長ねぎ……1/4本（10cm）

赤唐辛子……1/4本

しょうが……3g

A
- 砂糖、しょうゆ、酒……各小さじ1/2
- サラダ油……小さじ1/2

みそ汁

大根の皮…つけあわせの残り分

長ねぎ（小口切り）……2cm

みそ……10g

水……150mℓ

ご飯……120g

ぶ竜田揚げを作る

1. 干し豚を自然解凍して厚さ2～3㎜の薄切りに。片栗粉をまぶして170℃に熱した油で揚げる。焦げ目がついたら取り出し、油を切る。
2. 大根はかつらむきにしてから、せん切りにする。
3. 長ねぎ、赤唐辛子、しょうがはみじん切りにし、ボウルに入れてAを加え、よく混ぜる。
4. 皿に2の大根を盛り、中央に1のぶ竜田揚げをのせ、3のタレを回しかける。

みそ汁を作る

1. 大根の皮をせん切りにして耐熱ボウルに入れ、分量の水を加えてラップをかけ、電子レンジで1分30秒加熱する。
2. 1のボウルにみそを入れて混ぜ溶かし、長ねぎを加える。

由真特製カレー

一晩寝かせたカレーと同じ味!!

カレーライス１人分
価格 43円
カレー2kg分
220円
調理時間 40分

オニウマ。由真、渾身の力作カレーです。

下ごしらえ

1. 玉ねぎは薄切りにし、塩を加えてしんなりするまでもむ。
2. １にサラダ油大さじ２をふりかけて全体によくからめる。これを耐熱皿にドーナツ状に広げ、ラップなしで電子レンジで15分加熱する。
3. にんじんは小さめの乱切りにし、サラダ油大さじ½をふりかけてからめ、ラップをして電子レンジで３分加熱する。
4. Ａをまとめてペーパータオルで包んで口をとめ、ブーケガルニ（p.70参照）を作る。
5. にんにくはみじん切りにし、豚ばら肉は一口大に切る。
6. 鍋にサラダ油大さじ１を敷いてにんにくを入れ、弱火で炒める。香りが出たら豚ばら肉を加え、色が変わるまで炒める。

煮込む

7. ６に２の玉ねぎ、３のにんじん、４のブーケガルニを入れ、分量の水で沸騰するまで煮込む。
8. カレールウを割り入れて煮溶かし、仕上げにしょうがをすりおろして加え、火を止める。

仕上げ

9. 鍋ごと氷水につけて急冷し、再び火にかけて温める。
10. 皿にご飯を盛りつけ、カレー200ｇ分をかける。

＊残ったカレーは保存袋に空気を入れないようにパックし、冷凍庫へ。

凍り豆腐のドライカレー

価格 50円／調理時間 30分

材料〈ドライカレー約1kg分とドライカレーライス１人分〉**カレー**（p.68参照）…**900ｇ／凍り豆腐…200ｇ／玉ねぎ…**（１個）**180ｇ／にんじん…**（１本）**100ｇ／ピーマン…２個／ハム…100ｇ／サラダ油…適量／ご飯…130ｇ**

作り方 1. 凍り豆腐の水気をペーパータオルでしっかり絞り、細かく崩してポロポロの状態にする。 2. 玉ねぎ、にんじん、ピーマン、ハムはみじん切りにする。 3. 鍋にサラダ油を熱し、１の凍り豆腐を入れて水気がなくなるまで炒める。 4. 玉ねぎ、にんじん、ピーマン、ハムを加え、３〜４分炒める。 5. カレーを加えて混ぜ合わせ、ひと煮立ちさせてでき上がり。 6. 皿にご飯を盛りつけ、ドライカレー150ｇをかける。

凍り豆腐の作り方＆使い方

木綿豆腐１丁（300ｇ）をパックのまま冷凍庫に入れて凍らせる。使うときは自然解凍し、ペーパータオルで包み、水気をしっかり絞る。

材料 カレー2kg分とカレーライス1人分

玉ねぎ	3個(540g)	A 玉ねぎの皮	3個分
にんじん	2本(200g)	A にんじんの皮	2本分
にんにく	1片	A にんにくの皮	1片分
豚ばら肉	200g	水	1.6ℓ
塩	2g	カレールウ	240g
サラダ油	大さじ3 1/2	しょうが	40g
		ご飯	150g

中村由真の
節約カレーアレンジ

まとめて作れば光熱費がとってもおトク。たっぷり作ったら、小分けにして冷凍庫で保存。基本のカレーをアレンジするだけだから手間も時間もそんなにかかりません。いろんなカレー料理を楽しんでね。

アレンジ 1

トマトがいい味出しています！
秒殺ハヤシライス

価格69円●調理時間 10分

鍋にカレー150ｇとコンソメの素（キューブ）1/6個を入れ、トマトケチャップ大さじ２、水50mℓを加えて火にかけ、沸騰させる。ホールトマト（水煮）２個をざく切りにして加え、再び沸騰したら火からはずす。器に盛ったご飯にかければでき上がり。

アレンジ 2

キャベツの中にご飯がたっぷり
ドライカレーロールキャベツ

価格72円●調理時間 25分

ご飯とドライカレーを混ぜ合わせてキャベツで包み、楊枝でしっかりとめる。小鍋に入れ、コンソメの素と水を加えて火にかけ、フタをして５～６分。途中でひっくり返しながら均一に煮込む。その煮汁にドライカレー120ｇを入れ、とろみがつくまで煮込めばタレの完成！

アレンジ 3

超節約カレー料理
ドライカレーすいとん

価格33円●調理時間 15分

ボウルに薄力粉60ｇと水60mℓを合わせ、練り混ぜる。沸騰したお湯250mℓに和風だしの素小さじ2/5としょうゆ、酒それぞれ小さじ1を加え、すいとんのたねを入れる。浮き上がってきたら、ドライカレーを加えて混ぜ合わせる。再び沸騰したら火を止め、器に盛りつける。

節約カレーテク3

1.野菜の皮で臭みを取る

残っている玉ねぎ、にんじん、にんにくの皮などで、「自家製ブーケガルニもどき」を作り臭みを取る。
（※ブーケガルニとは数種類の香味野菜を束にしたもの）

2.しょうがで殺菌、長持ち

カレーにすりおろしたしょうがを入れる。殺菌作用があるため日持ちがＵＰ。

3.急速に冷やしてコクを出す

氷で急速に冷やす。カレーのでんぷん質が急速に固まるので、できたてなのに一晩寝かせたカレーと同じ味に！

そうめん団子雑煮

そうめんでお餅ができちゃった!!

価格 45円

調理時間 20分

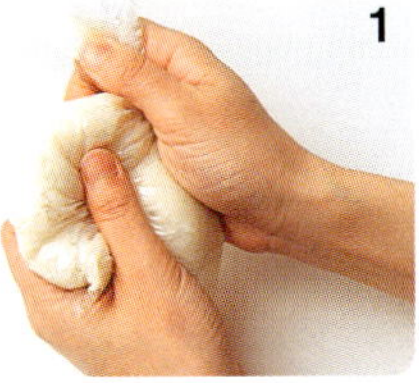

1

材料 1人分

そうめん団子

そうめん(ゆでたもの)	80g
片栗粉	大さじ4

鶏団子

鶏むね肉	50g
しょうが(すりおろす)	5g
塩	小さじ1/5
片栗粉	大さじ1/2

	にんじん	20g
	じゃがいも	1/4個
	ブロッコリー	1/4株
	長ねぎ	30g
	和風だしの素(顆粒)	3g
	水	300mℓ
A	みそ	5g
A	しょうゆ	小さじ1
A	塩	小さじ1/5

団子を作る

1. そうめんをラップで包み、電子レンジで2分加熱する。
2. 1をビニール袋に移し、もんでつぶす。粘りが出てきたら片栗粉を加え、混ぜる。これを5等分し、手に軽く水をつけて丸め、団子状にする。
3. 鶏むね肉を細かく刻み、しょうが、塩、片栗粉を加えて混ぜ、2等分にして団子状にする。

仕上げ

4. にんじんは厚さ5㎜、じゃがいもは厚さ8㎜のいちょう切りにする。ブロッコリーは小房に分け、長ねぎは小口切りにする。
5. 鍋に和風だしの素と水、にんじんを入れて火にかけ、沸騰したら3とじゃがいもを加える。
6. じゃがいもがやわらかくなったら、2とブロッコリーを加え、2分間ほど煮る。
7. Aを加えて味を調える。器に盛りつけ、長ねぎを散らす。

アラ不思議！みそと牛乳でとんこつスープ

とんこつご飯

価格
58円

調理時間
25分

節約を教えてくれた祖母を思い出すふるさとの味。なつかしか〜。

材料 1人分

ご飯	150g
豚ばら肉	30g
ほうれん草	15g
ゆで卵	½個
しょうが	8g
トマトケチャップ	小さじ¼
塩、こしょう	各適量
スープ	
にんにく（薄切り）	⅓片
長ねぎ（青い部分。小口切り）	5㎝
水	180㎖
牛乳	70㎖
味噌	大さじ1
しょうゆ	小さじ⅔
コンソメの素（顆粒）	小さじ¼
ごま油	小さじ¼
塩、こしょう	各適量

下ごしらえ

1. 豚ばら肉は両面に塩、こしょうをしてフライパンで焼く。
2. ほうれん草はさっとゆでて水気を絞り、3〜4㎝の長さに切る。しょうがはせん切りにし、トマトケチャップで和える。

スープを作る

3. 鍋にスープの材料を合わせて火にかけ、ひと煮立ちしたら火を止める。

仕上げ

4. 器にご飯を盛ってスープを注ぎ入れ、1、2、ゆで卵をのせてでき上がり。

逆転の発想から生まれた
究極のレシピ!!

逆カツサンド弁当

価格 28円

調理時間 25分

材料 1人分

豚ばら肉	3枚(60g)
パンミミ	3本(60g)
おろしにんにく	½片分
塩、こしょう	各少々
練りがらし	少々
揚げ衣	
小麦粉	大さじ1
溶き卵	½個分
パンミミ(すりおろす)	20g
揚げ油	適量
つけあわせ	
キャベツ	½枚(45g)
マヨネーズ	大さじ1
練りがらし	少々
とんかつソース	大さじ1

下ごしらえ

1. 豚ばら肉は両面に塩、こしょうし、おろしにんにくと練りがらしを塗る。これをパンミミに巻きつける。

揚げる

2. 1に小麦粉、溶き卵、パン粉状にしたパンミミの順に衣をつけ、170℃に熱した油でこんがりと揚げ、食べやすい長さに切る。

仕上げ

3. 容器に2とざく切りにしたキャベツを盛りつけ、マヨネーズ、練りがらし、とんかつソースを添える。

見た目も食感も、まさにフォアグラ!?
なんちゃってフォアグラ&アボカドスライス&アボカドスープ&マッシュポテト

価格 70円

調理時間 30分

材料 1人分

なんちゃってフォアグラ

アボカド	1/4個
木綿豆腐	75g
パンミミ	6本
卵黄	1/2個
薄力粉	大さじ3
酢	小さじ1/2
しょうゆ	小さじ1
中濃ソース	大さじ1
A しょうゆ	小さじ1
A 砂糖	小さじ1
サラダ油	小さじ1

アボカドスライス

アボカド	1/8個
玉ねぎ	1/16個
酢	小さじ1
サラダ油	小さじ1
塩、こしょう	各適量

アボカドスープ

アボカド	1/8個
酢	小さじ1/3
コンソメの素(キューブ)	1/2個
水	150mℓ
牛乳	大さじ1

マッシュポテト

じゃがいも	50g(1/2個)
大根の葉	1g
マヨネーズ	小さじ1
塩、こしょう	各適量

なんちゃってフォアグラを作る

1. すり鉢にアボカドと酢を入れすりつぶし、ペースト状にする。
2. パンミミは3本を細かく刻み、3本は軽くトーストする。
3. 木綿豆腐はペーパータオルで包み水気を絞ってボウルに入れ、刻んだパンミミを加えてよくこねる。全体がなじんで弾力が出てきたら1を加え、さらにこねる。
4. 3に卵黄、しょうゆ、中濃ソースを加えて混ぜ合わせ、なじんできたら薄力粉を混ぜてひとつにまとめる。
5. フライパンにサラダ油を熱し、4を入れて形を整えながら中火で3分焼き、フタをして5分間蒸し焼きにする。裏返してさらに2分焼く。途中で表面にあらかじめ混ぜたAを刷毛で塗り、照りを出す。
6. 両面がこんがりと焼けたら取り出し、皿に盛りつけてトーストしたパンミミを添える。

5

口の中でとろっと溶けていく具合が脂ののったフォアグラにそっくり!!

アボカドスライスを作る

1. アボカドは5㎜幅に切る。

2. 玉ねぎをみじん切りにし、水にさらした後、水気をよく拭き取る。

3. ボウルに2を入れ、酢を加えて混ぜる。なじんだらサラダ油を加え、軽くとろみがつく（乳化する）までよく混ぜ合わせる。

4. 塩、こしょうで味を調え、1のアボカドをからめて皿に盛る。

アボカドスープを作る

1. すり鉢にアボカドと酢を入れてすりつぶし、ペースト状にする。

2. 鍋に1を入れ、水、コンソメの素を加えて火にかける。沸騰したら牛乳を加え、ひと煮立ちしたら火を止め、器に注ぐ。

マッシュポテトを作る

1. じゃがいもは皮をむき細かく刻み、塩をまぶして10分ほど置く。

2. 1を耐熱容器に入れ、ラップをして電子レンジで3分加熱する。

3. やわらかくなったじゃがいもをすり鉢ですりつぶし、大根の葉を細かく刻んで混ぜ合わせ、マヨネーズ、塩、こしょうで味つけする。皿に盛りつける。

大場久美子の最後の切り札「あまりもの貯金」

料理に使わなかった卵白は、凍らせて保存。この卵白を使うと、通常よりもきめが細かくって泡立ちがいいんです。3ヶ月は持ちますよ。また、鍋のスープも小分けにして冷凍庫で保存。雑炊やうどんの味つけに役立ちます。

卵白が鶏肉になっちゃった!?

なんちゃって親子丼

鶏肉の食感。我ながら驚きです。

価格 67円

調理時間 20分

材料 1人分

ご飯 …………………… 150 g
卵白 …………………… 2個分
水 ………………… 小さじ1
溶き卵 ……………… 1個分
A
- 和風だし の素(顆粒) ……… 小さじ1/4
- しょうゆ … 大さじ1
- 砂糖 …… 小さじ1強
- 水 ……………… 50mℓ

長ねぎ(斜め切り) … 10cm
長ねぎ(青い部分。小口切り) …………………………5cm
サラダ油 …………… 適量

下ごしらえ

1. 卵白を溶きほぐし、耐熱容器に入れて水を注ぎ、電子レンジで1分加熱する。
2. 加熱が完了したら容器から卵白を取り出し、一口大に切る。
3. フライパンにサラダ油を1cm高さくらい入れて熱し、2をきつね色になるまで揚げる。

仕上げ

4. 小鍋にAを入れて火にかけ、煮立ってきたら斜め切りにした長ねぎと3を加え、溶き卵を回し入れて軽く混ぜる。卵が半熟状になったら火を止める。
5. 器にご飯を盛り、4をかけて長ねぎの青い部分を散らす。

…節約食材活用法…

「もったいない」と思いつつ、
捨ててしまっている野菜の皮や芯。
挑戦者の食材活用法をご紹介します！

パンミミ

たっぷり買っても安心の激安食材。三瓶は１斤分のパンミミを20円で購入。すり下ろしてパン粉にする場合は、生よりも冷凍の方がきめ細やかに仕上がります。

野菜の芯を混ぜてかさ増し

最後に残ってしまった野菜の芯。ここにも栄養がたっぷり詰まっています。細かく切ってハンバーグやチャーハンに混ぜれば、旨みもボリュームもアップ。フードプロセッサーでカレーやシチューに入れればコクがでます。

じゃがいもの皮でお掃除

皮にはサポニンという成分が入っていて、界面活性作用により石鹸のように泡立つことから、昔は鏡を磨くなど、洗剤の代わりとしても使われていました。揚げ物をした後の油に入れれば、汚れを吸い取ってキレイにするなどの作用も。

卵の殻

卵の殻を細かく砕いてクレンザーに混ぜると、フライパンなどの頑固な汚れもすっきり。卵の殻をストッキングでくるみ、霧吹きで湿らせてからふすまの敷居を拭くと、すべりがとってもよくなります。

野菜の皮でブーケガルニを作る

ブーケガルニとは、パセリやタイム、ローリエなどの香草や香辛料、香味野菜を束ねたもの。スープや煮込み野菜などの香り付けに使います。これを、残っているにんじんやにんにくなどの野菜の皮で代用しても効果がアリ。ガーゼに包んで結べば、あっという間に自家製ブーケガルニのでき上がり！

独創力とアイデア炸裂！

究極の
技ありレシピ

土鍋でガス代をとことん節約！
炊飯器一つでおかずを３品！
すりおろし野菜でボリュームアップ！
節約生活から生まれた独創的な節約術。
技とアイデアが光る
珠玉の節約レシピバラエティ。

お寿司をメレンゲでデコレーション！

卵白すしケーキ

価格 33円　調理時間 30分

8

9

■材料〈1人分〉

- ご飯 ………… 100g
- ごぼう ………… 10g
- にんじんの皮 …… 5g
- 鶏皮 …………… ½枚
- ぎんなん ……… 6個
- 卵白 ………… 1個分
- 塩 ………………… 少々
- 合わせ酢
  - 酢 ……… 大さじ½
  - 砂糖 … 小さじ1強
  - 塩 ……………… 少々
- 水 …………… 200㎖
- A
  - 酒 …… 小さじ½
  - しょうゆ …… 小さじ½
  - 砂糖 … 小さじ½

6

下ごしらえ

1. 小鍋に合わせ酢の材料を入れて温め、ご飯に回しかけて手早く混ぜる。
2. ごぼう、にんじんの皮は粗みじん切りにする。ごぼうは酢水（分量外）に浸けておく。
3. 鍋に水気を切ったごぼうとにんじんの皮を入れ、分量の水を加えてゆでる。
4. 沸騰したらペーパータオルを敷いたざるにあけて水気を切り、再び鍋にもどしてAを加え、汁気がなくなるまで煮含める。
5. 1の酢めしに4を加えて混ぜる。
6. フライパンに鶏皮を広げる。縮むのを防ぐためにアルミホイルをかぶせて重し（水を入れた鍋など）をのせ、パリパリになるまで焼く。焼き上がったら細かく砕く。

仕上げ

7. ボウルに卵白を入れて塩を加え、泡立器でツノが立つまで泡立ててメレンゲにする。
8. 5の酢めしを皿にのせた直径7㎝のセルクルに詰めて形を整える。
9. 表面にメレンゲ（約⅔量）を均一に塗り、側面に6の鶏皮をまぶす。これを予熱した180℃のオーブンで、5分焼く。
10. フライパンでぎんなんを炒る。
11. 直径5㎜の星形口金をセットした絞り袋に残りのメレンゲを入れ、焼き上がった9の上面に絞り出し、ぎんなんを飾る。

メレンゲといっても全く甘くないのでお寿司ともよく合います。見かけはかわいいけど食べ応えはバツグン。

外はカリッ！ 中身はふんわり!!

ゆで卵コロッケ

価格 39円　調理時間20分

■材料〈1人分〉

ゆで卵	2個
玉ねぎ（みじん切り）	20g
セロリの葉（みじん切り）	1枚
マヨネーズ	大さじ1
薄力粉	15g
水	大さじ3
パン粉	適量
揚げ油	適量
つけあわせ	
キャベツ	30g
トマト	1/4個

下ごしらえ

1. ゆで卵は横半分に切り、黄身と白身に分ける。
2. 黄身と玉ねぎ、セロリの葉を合わせ、マヨネーズを加えてよく混ぜる。
3. 白身に2を詰め、元の卵形になるようにくっつける。

揚げる

4. 薄力粉と水を混ぜ合わせる。これに3を浸けてパン粉をまぶし、170℃に熱した揚げ油で色よく揚げる。卵は油がはねやすいので要注意。

仕上げ

5. 器にせん切りにしたキャベツと、くし形に切ったトマトをのせ、4のコロッケを盛る。

コロッケ39円のヒミツは卵のタイムサービス

家庭菜園にお水をあげ、スーパーのチラシを広げると、卵1パック55円の文字が！1時間のタイムサービスの特売品。雨の中、スーパーまでダッシュで走り卵をゲット！まわりの商品の値札を見てビックリ。どれもとっても安いの。「雨の日サービス」なんだって。雨の日のスーパーには幸がある！

ハンバーグとつけあわせが同時に完成！

節約ハンバーグと万能ねぎスープ

価格86円　調理時間30分

■材料〈1人分〉

節約ハンバーグ〈2個分〉

豚ばら肉 ……50g
鶏むね肉 ……50g
にんじん（すりおろす） ……50g
万能ねぎ（小口切り） …… 3本
パンミミ ……20g
牛乳 ……30ml
酢 …… 小さじ½
塩 …… 小さじ⅕
こしょう …… 少量
サラダ油 …… 適量

つけあわせ

じゃがいも（厚さ1cmの輪切り） ……15g
にんじん（厚さ1cmの輪切り） ……10g
塩 …… 小さじ⅕
水 ……50ml

ソース

しょうが（すりおろす） …… 5g
A しょうゆ …… 大さじ1
A 酒 …… 大さじ1
A 砂糖 …… 小さじ½
水溶き片栗粉
　片栗粉 …… 小さじ¼
　水 …… 小さじ1

万能ねぎスープ

万能ねぎ（小口切り） …… 1本
B しょうが（すりおろす） …… 5g
B 水 …… 150ml
B ごま油 …… 小さじ½
B しょうゆ …… 小さじ½
B 塩 …… 小さじ⅕

ご飯 …… 150g

節約ハンバーグを作る

1. つけあわせ用のじゃがいもとにんじんをアルミホイルにのせ、塩と水を回しかけて包む。
2. 豚ばら肉と鶏むね肉を細かく刻み、酢、塩を加え粘り気が出るまでこねる。
3. パンミミを細かく切って牛乳に浸し、すりおろしたにんじんを加えて均一に混ぜ合わせる。
4. 3に2を加えてこしょうをふり、粘り気が出るまで混ぜる。この生地を2等分し、それぞれハンバーグの形に整える。
5. フライパンにサラダ油を熱し、4を入れて焼く。強火で両面を1分ずつ焼き、さらにフタをして弱火で7～8分蒸し焼きにする。
6. フタをする前に1を入れ、一緒に蒸し焼きにする。
7. 焼き上がったハンバーグと野菜を皿に盛る。アルミホイルに残った野菜の汁はスープ用に取っておく。

お肉の量が少なくても、すりおろしたにんじんでボリュームアップ！

ソースを作る

8. 7のフライパンにしょうがとAを入れて弱火にかけ、木べらでフライパンの底についた旨みをこそげ落としながら混ぜる。沸騰したら水溶き片栗粉を加えてとろみをつける。

仕上げ

9. ハンバーグにソースをかけ、万能ねぎを散らす。

万能ねぎスープ

1. 小鍋につけあわせの野菜から出た汁を入れ、Bを加えて沸騰させる。
2. 器に注ぎ、万能ねぎを散らす。

マヨネーズで炒めた豚肉と
シャキシャキキャベツの絶妙な組み合わせ

豚マヨ照り丼

価格 40円　調理時間 15分

■材料〈1人分〉

ご飯		180g
豚ばら肉		50g
キャベツ		30g
A	マヨネーズ	大さじ1
	しょうゆ	大さじ1
	水	大さじ1
	砂糖	小さじ3/4
塩、こしょう		各適量
マヨネーズ		小さじ1
一味唐辛子		適量

下ごしらえ

1. 豚ばら肉は5㎜厚さにスライスして4枚の薄切りにし、軽く塩、こしょうする。

2. キャベツはせん切りにする。

3. Aの材料を混ぜ合わせてタレを作る。

仕上げ

4. フライパンに油をひかずに豚ばら肉を入れて焼く。両面が焼けたら3のタレを加え、軽く煮る。

5. 器にご飯を盛り、キャベツと4の豚ばら肉をのせ、フライパンに残ったタレを回しかける。マヨネーズと一味唐辛子を添えてでき上がり。

大豆イソフラボン美容術

実家がお豆腐屋さんだったので、大豆のことならお手のもの！まずは、大量に買ってきた大豆から、豆乳とおからを作ります。実は、この大豆には、女性ホルモンと同じような働きをするイソフラボンがたっぷり。おからを炒ってティーバッグに入れて「おから茶」にしても、お肌がつやつやになりますよ。

驚きの節約調理法！ 炊飯器だけで作る豪華な夕食!!

炊飯御膳

価格48円 調理時間50分

■材料〈1人分〉

ご飯

米 ……………………………… 3合
水 …………………………… 600ml

肉じゃが

豚ばら肉 ………………………… 20g
じゃがいも ……… 1/4個（25g）
玉ねぎ ………………………… 20g
にんじん ………………………… 20g

A
- 和風だしの素（顆粒） ……………… 小さじ1/3
- 砂糖 …………… 小さじ2
- 酒 ……………… 小さじ2
- しょうゆ ……… 小さじ2
- 水 ……………… 大さじ3

ふろふき大根

大根 ………………………… 2cm
甘みそジャン（p.96参照） …………………… 小さじ1

茶碗蒸し

溶き卵 ……………………… 1/2個分

B
- 和風だしの素 … 小さじ1/6
- しょうゆ……… 小さじ1/4
- 塩…………… 小さじ1/6
- 水 ……………… 100ml

考えてみてください！一品ずつ作る手間とお金。炊飯器ならこんなにおトクですよ。

下ごしらえ

1. 米は洗って炊飯器に入れ、水を注ぐ。
2. 耐熱容器にAを混ぜ、豚ばら肉、じゃがいも、玉ねぎ、にんじんをそれぞれ一口大に切って加えて、アルミホイルで落としブタをする。
3. 大根は皮をむき、十文字に隠し包丁を入れ、竹串で穴を数ヶ所あける。
4. 茶碗蒸し用の溶き卵にBを加えてよく混ぜ、耐熱容器に茶こしでこし入れる。
5. 2、4の容器のまわりにアルミホイルを巻く。上部にもアルミホイルをかぶせて、竹串で数ヶ所穴をあける。

炊飯器に入れる

6. 1の炊飯器に肉じゃがの容器と3の大根を入れ、スイッチを入れる。炊き始めから25分後に茶碗蒸しの容器を入れ、そのまま普通に炊き上げる。
7. 炊き上がったらそれぞれの容器を取り出し、アルミホイルをはがす。大根を器に盛り、甘みそジャンをかける。

＊残ったご飯はラップで包み、冷凍保存する。肉じゃがの残り汁も冷蔵庫で保存しておく（p.40残り物三色丼で使用）。

火にかけるのはたった7分！

土鍋でシチュー

価格75円　調理時間40分

■**材料**〈1人分〉

豚ばら肉	40g
玉ねぎ	1/4個（45g）
にんじん	1/4本（25g）
じゃがいも	1/4個（25g）
ホワイトソース	
マーガリン	10g
薄力粉	10g
牛乳	100㎖
コンソメの素（顆粒）	小さじ1 1/2
水	150㎖

下ごしらえ

1. 豚ばら肉は2～3㎝幅に切る。玉ねぎ、にんじん、じゃがいもは、それぞれ一口大に切る。

ホワイトソースを作る

2. 耐熱ボウルに、室温に置いてやわらかくしたマーガリンと薄力粉を入れてよく混ぜ、ペースト状にする。
3. ラップをかけて電子レンジで1分30秒加熱し、泡立器でかき混ぜる。
4. 室温に置いた牛乳を少しずつ加えながら混ぜ合わせる。これをラップなしで、電子レンジで3分加熱後、取り出してかき混ぜ、再び3分加熱する。

土鍋で仕上げる

5. 土鍋に1とコンソメの素、分量の水を入れ、フタをして弱火で7～8分煮る。
6. 沸騰したらアクを取り、4のホワイトソースを加えて混ぜ合わせ、再びフタをして2分煮る。
7. 土鍋を火から下ろし、フタをしたまま2～3枚の新聞紙で包み、さらにバスタオルで包む。そのまま30分ほど置き、余熱で火を通してでき上がり。

久保恵子のガス代節約 土鍋保温調理法

土鍋は保温力がとても高いので、数分火にかけただけで長時間熱を保つことができるんですよ。ちょっと火にかけた後は土鍋の保温力でじわじわ火が通るのを待つだけ。新聞紙やタオルで包めば、さらに保温力がUPします。シチューや煮物などゆっくりじんわり火を通して調理する料理には最適の調理法ですね。例えばこのシチュー、土鍋調理法で作れば、たった6分でガス代2.4円！普通に調理した場合は40分かかる上、ガス代も16円かかるんですよ。

土鍋保温調理法なら、失敗することなし
ご飯入り茶碗蒸し

価格 53円　調理時間 35分

土鍋でジワジワと火を通すので、スができないで、なめらかに仕上がります！

材料〈1人分〉

- ご飯……120g
- 溶き卵……1個分
- A
  - コンソメの素（顆粒）……10g
  - しょうゆ…小さじ1
  - 塩……小さじ1/5
  - 水……150mℓ
- 鶏むね肉……20g
- ほうれん草……1/8束
- にんじん……10g
- しいたけ……1/2枚
- 水……50mℓ

下ごしらえ

1. 鶏むね肉、ほうれん草、にんじん、しいたけを食べやすい大きさに切る。
2. 溶き卵にAを加えて混ぜ合わせ、ざるでこしてなめらかな卵液にする。
3. 耐熱容器にご飯を入れて2の卵液を注ぎ、1を彩りよくのせる。

土鍋で仕上げる

4. 土鍋に水50mℓを入れて火にかけ、沸騰したら3を静かに入れてフタをし、3分ほど蒸す。
5. 土鍋を火から下ろし、フタをしたまま2～3枚の新聞紙で包み、さらにバスタオルで包む。そのまま20分ほど置き、余熱で火を通してでき上がり。

もちもちで、とってもジューシー

パンミミ肉まん

価格53円　調理時間30分

パンミミとは
思えないほどの美味！
おかしのような食感です。

■材料〈1人分〉

鶏むね肉		50g
ピーマン		$\frac{1}{4}$個
スライスチーズ		1枚
A	しょうゆ	小さじ$\frac{1}{5}$
	ごま油	小さじ1
	みそ	大さじ1
パンミミ		20本
牛乳		大さじ3
水		100mℓ

下ごしらえ

1. 鶏むね肉はみじん切りにし、さらに包丁でたたいて細かく刻む。ピーマン、スライスチーズもみじん切りにする。
2. ボウルに1を入れてAを加え、よく混ぜる。

パンミミで具を包む

3. パンミミはおろし金ですりおろしてパン粉状にし、牛乳を少しずつ加えながら手でよく練る。
4. 3をラップではさみ、麺棒で直径15cmくらいの円形に薄くのばす。
5. 4の中央に2をのせ、巾着状に包む。これをクッキングシートで包み、さらにアルミホイルで包む。

土鍋で仕上げる

6. 土鍋に水100mℓと5を入れ、フタをして中火で2分30秒加熱する。
7. 土鍋を火から下ろし、フタをしたまま2～3枚の新聞紙で包み、さらにバスタオルで包んでそのまま15分ほど置き、余熱で火を通してでき上がり。

価格59円　調理時間1時間20分

食べる寸前まで、あったかホカホカ

土鍋弁当

食べる直前までホカホカ。土鍋は重いけど財布は軽い究極のお弁当です。

■材料〈1人分〉

ご飯		120g
しいたけ		1枚
にんじん		30g
A	砂糖	小さじ1/2
	しょうゆ	小さじ1
ピーマン		1/2個
もやし		25g
スライスチーズ		1/2枚
B	ごま油	小さじ1
	塩	小さじ1/5
豚ばら肉		20g
じゃがいも		25g
C	みそ	小さじ1
	マヨネーズ	小さじ1
水		50mℓ

下ごしらえ

1. 土鍋に水50mℓを入れ、アルミホイルで内側を4つに仕切る。
2. しいたけは薄切り、にんじんは細切りにし、Aをからめる。
3. ピーマン、スライスチーズをせん切りにし、もやしと合わせてBをからめる。
4. 豚ばら肉、じゃがいもを細切りにし、Cをからめる。
5. ご飯、2、3、4をそれぞれ仕切った1ヶ所に入れる。

土鍋で仕上げる

6. 土鍋にフタをして、中火で5分間ほど加熱する。
7. 土鍋を火から下ろし、フタをしたまま2～3枚の新聞紙で包み、さらにバスタオルで包む。そのまま1時間ほど置き、余熱で火を通してでき上がり。

本格 自家製調味料完全レシピ

調味料も手作りすれば随分と価格が抑えられます。合わせる砂糖や油を控えめにするなど、自分の好みに応じてアレンジできるのも手作りならでは。慣れてきたら、このレシピを元にオリジナル調味料に挑戦するのも楽しいですよ。

ラー油　費用 20円

材料（でき上がり120mℓ分）長ねぎ　10cm／しょうが　5g／一味唐辛子　小さじ2／ごま油　適量／サラダ油　120mℓ

作り方　**1.** 小鍋にサラダ油を入れ、長ねぎ、しょうが、一味唐辛子、ごま油を加えて弱火にかける。　**2.** 長ねぎやしょうがの周囲にフツフツと小さな泡が立ってきたら、5分ほど煮て火を止め、そのまま冷ます。**3.** 長ねぎとしょうがを取り出し、ラー油を保存瓶に移す。

マヨネーズ　費用 29円

材料（でき上がり200g分）卵黄　1個／塩　小さじ$\frac{1}{2}$／こしょう　適量／酢　大さじ1／サラダ油　1カップ

作り方　**1.** ボウルに卵黄、塩、こしょう、酢大さじ$\frac{1}{2}$を入れ、泡立器でよく混ぜる。　**2.** サラダ油を少しずつ糸状に落としながら混ぜる。　**3.** 油を半量くらい入れたところで、残りの酢大さじ$\frac{1}{2}$を加え、再びサラダ油を糸状に落としながら、白くもったりとするまでしっかり混ぜる。

＊冷たい卵黄を使うと乳化しにくいので、作る30分前に冷蔵庫から出して、室温に置いておく。

トマトケチャップ　費用 76円

材料（でき上がり250g分）ホールトマト（水煮）　300g／玉ねぎ（すりおろしたもの）　大さじ1／砂糖　大さじ4／塩　大さじ$\frac{1}{2}$／酢　大さじ1

作り方　**1.** 鍋にホールトマトを手でほぐし入れる。　**2.** 玉ねぎ、砂糖、塩を加えて火にかけ、ひと煮立ちしたら弱火にして、汁気が半分くらいになるまで煮詰める。焦がさないように注意すること。　**3.** 仕上げに酢を加え、すぐに火を止める。

甘みそジャン　費用 69円

材料（でき上がり280g分）みそ　200g／酒　大さじ3／砂糖　70g／しょうゆ　大さじ2／水　大さじ2

作り方　**1.** 小鍋にすべての材料を入れて強火にかけ、木べらで練り混ぜながら沸騰させる。　**2.** 沸騰したら中火にして5分、その後弱火で3分30秒、絶えず木べらで練りながら煮る。汁気がほとんどなくなり、つやが出てきたら完成。

＊ 加熱時間は鍋の大きさなどによって多少変わってくるので、様子を見ながら調整を。

ちょっと変わったアイデア節約レシピをご紹介！

～特別番外編～

斬新な調理法を次々と生み出しながら、
新境地を拓き続ける濱口優、オトコの節約料理。
そして親子３人で「1ヶ月1万円生活」に挑んだ
ふかわ一家の愛情たっぷりのあったか節約レシピ。

濱口優の男の『節約』料理

親子3人！ふかわ一家のほのぼのレシピ

カンが全て！

獲ったど〜!!

濱口優の
男の節約料理

「魚のさばき方とか教わったことないんです……。全部自己流、全部カンなんですよ」と、料理経験をまったく持たない濱口優は語る。
確かに、男のカンを使い、海で自ら釣ってきたタコやアナゴなどを見事な手つきでさばいていく姿は、料理人顔負けである。
「ハコフグのときはさすがに怖くて漁師さんに聞きました。ハコフグとはいえ、フグですからね。無毒でしたけれど……」
ここでは、そんな男のカンから生まれた、思わぬ美味メニューを紹介する。

男のカン1 インスタント食品同士って合うんちゃうか？

1ヶ月1万円生活初戦、料理経験のない濱口がスーパーで買い込んだのは、「レトルトカレー」と「インスタントラーメン」。一見何も考えていないようなチョイスが生み出した一品。

インスタントカレーラーメン 153円●調理時間5分

◆材料（1人分）
レトルトカレー1袋／インスタントラーメン1袋
◆作り方❶沸騰した湯にレトルトカレーを袋のまま入れて温める。❷丼にインスタントラーメンを入れ、1の湯を注ぐ。❸でき上がったラーメンに、1のレトルトカレーをかけて完成。

「カレーとラーメンの夢のタッグやね」

男のカン 2　同じ卵料理やし、プリンで茶碗蒸しできるんちゃうか？

冷蔵庫を開けて目に付いたのがプリン。男のカンで、なんとプリンを電子レンジに入れてとろとろになるまで加熱。この斬新な思いつきが、予想以上の逸品を作り出した。

「優の料理革命や！」

茶碗蒸しプリン

50円●調理時間**3**分

◆材料（1人分）
プリン（市販品）1個／卵1個

◆作り方❶耐熱容器にプリンを移してラップをかけ、電子レンジで1分ほど加熱する。❷液状になったプリンに卵を割り入れ、よくかき混ぜる。❸全体がよくなじんだら、再びラップをして電子レンジで2分ほど加熱する。生地がふんわりと膨らんだらでき上がり。

男のカン 3　牛乳と卵を使えば、ラーメンでもイタリアンになるんちゃうか？

インスタントラーメンも立派な麺。パスタに見立てれば、限りある食材からでもイタリアンを作れることをひらめく！発想、分量、調理法ともに男のカンが詰まった逸品。

簡単カルボナーラ　**91**円●調理時間**5**分

◆材料（1人分）
インスタントラーメン1袋
牛乳100mℓ／卵1個

◆作り方❶鍋に牛乳を沸かし、インスタントラーメンと粉末スープを入れ、グツグツと煮る。❷麺に牛乳が染み渡った頃を見計らって卵を割り入れ、手早くかき混ぜる。

「これ渋谷で店出したら行列できるわ」

親子３人の節約生活！ ふかわ一家の ほのぼのレシピ

10年ぶりの家族３人での生活。
「この大きいのりょうちゃん食べれば？」
「りょう、ここに大きい魚の身あるぞ！」
久々に我が子と過ごすパパとママはちょっぴり嬉しそう。
パパ＆ママ、そして29歳の息子…。
家族の絆が生んだ愛情いっぱいの節約レシピをご紹介！

29歳の「りょう君」もびっくり！

ママ特製 メルヘン弁当

外食が許されない節約生活。仕事に出かける息子にママが作った手作り弁当。うさちゃんのゆで卵にタコさんウインナー…。開けてびっくり！お弁当の中には子どもの頃と変わらぬ懐かしさがいっぱい詰まっていました。

ちょっとなにこれ！
幼稚園生じゃ
ないんだから…

●材料● １人分

卵うさぎ
- 卵 ……………………… １個
- にんじん …………… 3g

タコさんウインナー
- ウインナー ………… ３本
- サラダ油 ………小さじ１

鶏皮炒め
- 鶏皮 …………………… 5g
- にんじん ……………20g
- 玉ねぎ ………………22g
- 塩、酒、しょうゆ…各少量
- サラダ油 …………適量

ちらしご飯
- ご飯…………………150g
- さやえんどう ……… ２本
- 卵 ……………………… １個
- 白ごま ……………… 5g
- 塩 ……………………適量

80円●調理時間**30分**

卵うさぎを作る❶ゆで卵を作り、山型に２か所切り込みを入れて耳にし、目の位置に刻んだにんじんを貼る。**タコさんウインナーを作る**❷ウインナーに切り込みを８本入れて炒める。**鶏皮炒めを作る**❸材料を細切りにして炒め、調味料を加えて、汁気がなくなるまでさらに炒める。**ちらしご飯を作る**❹さやえんどうをさっとゆでて、３〜４等分に切る。残った熱湯で卵をゆで、粗く刻む。❺ご飯に白ごまと塩を混ぜる。**仕上げ**❻弁当箱に⑤を詰め、④を散らす。空きスペースに①〜③を詰める。

家族そろって仲良く食べる！

ふかわ流お好み焼き＆キャベツスープ

節約食材の小麦粉を使った定番レシピ。しかし！ほかとはちょっと違うのがふかわ流。肝心の小麦粉はちょっぴりで、山盛りのキャベツとたっぷりの山芋でカサ増しするのがポイント。とろとろでやわらかーい優しい味に仕上がります。

81円●調理時間**30**分

3人分**243**円

●材料● 3人分

ふかわ流お好み焼き

- 山芋（長いも）………150g
- 卵 ………………………2個
- キャベツ…… 500g（$\frac{1}{4}$個）
- 豚こま肉 ……………100g
- 薄力粉 ……………… 60g
- 水………………………150㎖
- 塩 ………………… 小さじ1
- サラダ油 ……… 大さじ1

トッピング

- ソース ………… 大さじ3
- マヨネーズ …… 大さじ3
- かつおぶし …………10g
- 紅しょうが(せん切り) ……………………15g

キャベツスープ

- キャベツ（お好み焼き用から取り分ける）…………30g
- ウインナー(斜め切り)…3本
- A
  - 和風だしの素…… 4g
  - しょうゆ … 小さじ2
  - 塩………… 小さじ$\frac{1}{2}$
- 水…………………………600㎖

ふかわ流お好み焼きを作る ❶長いもはすりおろす。❷キャベツはせん切りにし、スープ用に30g取り分ける。豚肉は一口大に切る。❸ボウルに①と卵を入れて軽く混ぜる。ここに分量の水を少しずつ加えながら混ぜる。❹塩、キャベツ、豚肉を順に混ぜ、なじんだら薄力粉を加えてよく混ぜる。❺鉄板（またはフライパン）にサラダ油を熱し、④を入れて両面を焼く。❻ソースとマヨネーズをかけ、かつおぶし、紅しょうがを散らす。

キャベツスープを作る ❶鍋に分量の水を沸騰させ、キャベツとウインナーを入れてしばらく煮る。❷Aを加えて味つけする。

山芋のおかげで
トロトロしてておいしい！
これ今までの料理の
中でイチバンかも

久しぶりの同居生活で親のありがたさを実感！
息子からパパ＆ママに贈る…

親孝行ラーメン

いくつになっても自分の事を一番に考えてくれるパパとママ。そんな二人に恩返しをしたい！感謝の気持ちを込めて息子が初めて両親に作った料理。手作り麺にジャンボワンタン…けなげな想いが伝わる一品です。

僕が作るから2人は待ってて！

●材料● 3人分

麺とワンタンの皮
- 薄力粉……300g
- 卵……1個
- 水……120mℓ
- 打ち粉(薄力粉)……適量

ワンタンの具
- A 豚こま肉……60g
- A 長ねぎ……5cm
- A にんにく……1片
- しょうゆ……小さじ2
- 塩……小さじ$\frac{1}{2}$

スープ
- 鶏ガラスープの素(顆粒)…15g
- 塩……大さじ1
- 水……1.8ℓ

タレ
- 酢……大さじ3
- ラー油……大さじ1
- しょうゆ……大さじ1

トッピング
- ゆで卵……3個
- ほうれん草(ゆでる)……3束
- 白ごま……5g

麺と皮を作る ❶ボウルに薄力粉と卵を入れ、分量の水を少しずつ加えながらこねる。❷打ち粉をした台で、表面がなめらかになるまでこねる。200gと100gに分けて丸める。❸200gの生地を、打ち粉をしながら麺棒で厚さ2～3mmにのばす。❹③を三つ折りにし、麺状に切る。

ワンタンを作る ❺100gの生地を12等分し、ワンタンの皮状にのばす。❻Aをみじん切りにし、しょうゆと塩を混ぜる。❼⑤で⑥を包む。

スープを作る ❽鍋に分量の水を入れて沸騰させ、鶏ガラスープの素と塩で味つけし、⑦を入れる。

仕上げ ❾別鍋にたっぷりの湯（分量外）を用意し、④を5～6分ゆでる。❿3つの丼に、それぞれ酢大さじ1、ラー油小さじ1、しょうゆ小さじ1を入れる。⓫スープを注ぎ、麺を入れる。ワンタン、縦半分に切ったゆで卵、ざく切りにしたほうれん草をのせ、白ごまをふる。

78円●調理時間**50分**
3人分234円

おいしいじゃない！

大したもんだ…

パパとママ親孝行の味に大満足！

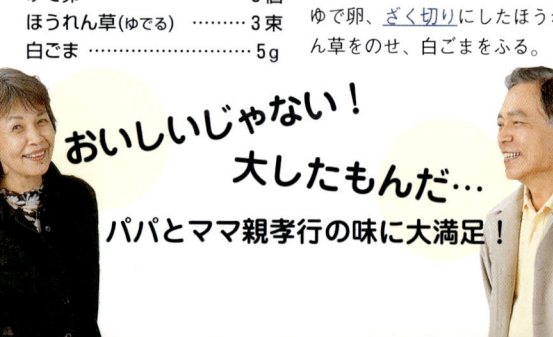

残りもので
あっという間にスイーツ完成！

三瓶の簡単
デザートレシピ

服部栄養専門学校卒、
調理師免許を持つ三瓶が披露した
デザートレシピの数々。
台所にある残り物ですばやくできる食後の甘味。
みたらし団子にアップルプチタルト、
イモンブランに芋ようかん…おいしくって簡単！
和洋取り揃えた無敵のラインナップがここに！

フワッフワ!! 三瓶のロールケーキ

ペールケーキ

価格 17円

調理時間 40分

■材料〈15㎝1本分〉

卵黄	1/2個
卵白	1個分
砂糖	大さじ2
薄力粉	大さじ2
サラダ油	小さじ1
カスタードクリーム	50g
りんご	10g
にんじん	5g
大根の葉	適量

2

3

5

7

11

生地を作る

1. ボウルに卵黄を入れ、泡立器で溶きほぐす。

2. 1を50℃くらいの湯せんにかけ、砂糖を3回に分けて加えながら、白っぽくなるまで泡立てる。

3. 別のボウルに卵白を入れ、泡立器でツノが立つまで泡立てる。これを2に3回に分けて加え、そのつどよく混ぜる。

4. 3に薄力粉を茶こしでふるい入れ、ゴムべらでさっくりと混ぜ合わせる。

5. 粉気がなくなったら生地を大さじ1取り分け、サラダ油と合わせてよく混ぜる。

6. 5を残りの生地に戻し入れ、なじむまでよく混ぜる。

焼く

7. バット(13×17.5×2.5㎝)にクッキングシートを敷き、6の生地を流し入れ、表面を平らにする。これを15㎝くらいの高さからトンと落として軽く空気を抜き、予熱した180℃のオーブンで9分焼く。

8. 焼き上がった生地をバットから取り出し、粗熱をとる。

仕上げ

9. りんごとにんじんを5㎜角に切る。

10. 巻きやすくするために8の表面を包丁で1.5㎝間隔に軽くおさえて跡をつけ、カスタードクリームを均一に塗る。

11. 9のりんごの4/5量を散らし、端からロール状に巻く。

12. 両端を切り落として、約2㎝厚さに切り分ける。

13. ケーキを皿に盛りつけ、残りのりんごとにんじん、大根の葉を飾る。

カスタードクリーム

●材料
でき上がり100g分
卵黄…1/2個
牛乳…100㎖
砂糖…大さじ1
薄力粉…大さじ1

価格
14
円

●調理時間30分

下ごしらえ 1. ボウルに卵黄を入れ、泡立器でよく泡立てながら、砂糖を2回に分けて加える。 2. 白っぽくなり、もったりとしてきたら、薄力粉を茶こしでふるい入れ、粉気がなくなるまで混ぜる。 3. 鍋に牛乳を入れて60℃に温め、2に少しずつ加えて混ぜ合わせる。

加熱する 4. 3を鍋に戻し入れて中火にかけ、木べらで手早く混ぜる。とろみがつき、つやが出たらでき上がり。

焦げた砂糖が香ばしいシンプルデザート

りんごのキャラメリーゼ

■材料〈1人分〉

りんご	1/4個
砂糖	小さじ1
牛乳	大さじ1
大根の葉	2枚
薄力粉	小さじ1/2
サラダ油	小さじ1

価格 12円

調理時間 10分

下ごしらえ

1. りんごは皮をむいて厚さ3～4㎜の薄切りにし、砂糖をまぶす。

焼く

2. 1に薄力粉をまぶし、サラダ油を熱したフライパンに入れて、片面2分を目安に両面を焼く。両面がきつね色に焼けたら牛乳を加えてからめる。
3. 器に盛りつけ、大根の葉を飾る。

いろいろに使えるデザート保存食

りんごの甘露煮

■材料
〈でき上がり約150g分〉

りんご…………1/2個
砂糖………大さじ1
水……………100mℓ
サラダ油…小さじ1

価格
17円

調理時間
15分

下ごしらえ

1. りんごは皮つきのまま厚さ5㎜の薄切りにする。

煮る

2. 小鍋に水と砂糖を入れて軽く混ぜ、1を加えて中火弱で5～6分煮る。
3. サラダ油を加え、汁気がなくなるまでさらに5分ほど煮る。
4. 粗熱をとってから密閉容器に移し、冷蔵庫で保存する。

＊2ヶ月間は保存可能。

さっくりタルト＆とろーりクリーム

アップルプチタルト

価格 18 円

調理時間 30分

材料〈直径6㎝4個分〉

タルト生地

薄力粉 ………………………… **30g**
片栗粉 ………………… **小さじ1**
牛乳 ……………………… **大さじ1**
砂糖 ………………… **大さじ1 1/2**
サラダ油 ……………… **大さじ1**
打ち粉（薄力粉） ……… **小さじ1**

カスタードクリーム（p.105参照）
………………………… **大さじ2**
りんごの甘露煮（p.107参照）… **2枚**

プロの技で簡単節約デザート

大好きな甘いもの。節約生活とはいえ欠かすことはできません。さすがに、特別な食材は買えませんでしたが、残り物のご飯やりんご、さつまいもなどを使って、毎日食後はデザートを楽しみました。服部栄養専門学校で培ったプロの技、炸裂です！

タルト生地を作る

1. 薄力粉と片栗粉を合わせてふるう。
2. ボウルにサラダ油を入れ、砂糖を２回に分けて加え、そのつど泡立器でなじむまでよく混ぜる。
3. ２に牛乳を加え、全体が白っぽくなるまで混ぜる。
4. １のふるった粉を加え、全体がなじむまでよく混ぜ、ひとつにまとめる。
5. ４をラップで包み、冷蔵庫に入れて20〜30分休ませる。

型に敷き込む

6. 打ち粉をした台の上で、５の生地を麺棒で厚さ３㎜にのばす。
7. 型を逆さにのせ、周囲を1.5㎝ほど足したサイズで３枚くりぬく。残った生地をひとつにまとめ、同様にして１枚くりぬく。
8. ７の４枚の生地をタルト型に敷き込む。型と生地の間に空気が入らないように、しっかりはりつける。型の上に麺棒を転がし、はみ出した生地を切り落とす。生地の底面にフォークで穴をあける。

焼く

9. 予熱した180℃のオーブンに入れ、15〜20分焼く。

仕上げ

10. 粗熱がとれたら型からはずし、カスタードクリームを絞り袋で絞り入れて表面をならす。りんごの甘露煮を６等分に切って、３枚ずつ飾る。

4

7

8

10

＊絞り袋は、端を斜めにカットしたジッパー付きの保存袋で代用できる。

残りご飯で作る、もっちり団子

みたらし団子

■材 料〈2本分〉

ご飯	100g
片栗粉	大さじ1
湯	大さじ1
タレ	
しょうゆ	大さじ1/2
砂糖	大さじ1
片栗粉	小さじ1
水	50mℓ

価格 20円

調理時間 15分

団子を作る

1. ボウルに温めたご飯を入れ、たたきながらつぶす。
2. ご飯がある程度つぶれたら、片栗粉と湯を加え、さらにつぶす。
3. 2を6等分し、手を軽く水でぬらして丸める。2本の串に3個ずつ刺す。
4. 蒸気の上がった蒸し器で3分蒸す。

タレを作る

5. 小鍋にタレの材料を入れ、よく混ぜて片栗粉を溶かす。これを弱火にかけ、とろみがついたら火から下ろす。

仕上げ

6. 蒸し上がった団子にタレをからめ、皿に盛りつける。

懐かし〜い味!!

たまごボーロ

■材 料〈1人分〉

溶き卵	小さじ2
牛乳	小さじ1
砂糖	大さじ2 ½
片栗粉	40g
薄力粉	10g

価格 21円

調理時間 15分

生地を作る

1. ボウルに溶き卵を入れ、牛乳、砂糖を加えて泡立器でよく混ぜる。
2. 片栗粉と薄力粉を合わせて茶こしで1にふり入れ、全体がなじむまで手でこねる。
3. 2を直径1㎝くらいに丸める。

焼く

4. 天板にクッキングシートを敷き、3を並べ、予熱したオーブントースターで4〜5分焼く。途中で焦げそうになったら、アルミホイルをかぶせる。

素材の味をいかした、シンプル和菓子

芋ようかん

■材料〈1人分〉

さつまいも	約1本（150g）
砂糖	大さじ1
塩	小さじ2/5

価格 9円

調理時間 10分

さつまいもペーストを作る

1. さつまいもは皮を厚めにむいて薄い輪切りにし、水（分量外）にさらしておく。

2. 耐熱皿に1のさつまいもを水気を拭き取って並べ、ラップなしで電子レンジで3分加熱する。

3. ボウルに2のさつまいもを移し、熱いうちにつぶす。ペースト状になったら砂糖と塩を加え、よく練り混ぜる。

仕上げ

4. 牛乳パックで7.5×10.5×3.5㎝の型を作り、ラップを敷き込む。ここに3の2/3量を入れ、長方形に形作る。

＊ 残りは、ラップで包み冷蔵庫で保存する。

手軽にできる本格派スイーツ

イモンブラン

価格 6円

調理時間 10分

■材料〈1個分〉

さつまいもペースト(p.112参照)	50g
りんごの甘露煮(p.107参照)	3枚
パンミミ	1本
砂糖	大さじ½
水	小さじ1
大根の葉	少々

下ごしらえ

1. りんごの甘露煮はみじん切りにする。パンミミは手で細かくちぎる。
2. 耐熱ボウルに砂糖と水を入れてよく混ぜ、ラップをかけて電子レンジで1分30秒加熱し、シロップを作る。
3. シロップが熱いうちにパンミミを入れ、手早くこねる。

仕上げ

4. 3をひとつにまとめ、直径5～6㎝の平らな円状に形を整える。この上にりんごの甘露煮を山型にのせる。
5. 絞り袋に直径5㎜の星形口金をセットしてさつまいもペーストを入れ、4に渦巻き状に絞り出す。仕上げに大根の葉を飾る。

卵白の泡立てが成功の決め手!!
ふかわ一家のバナナシフォンケーキ

■材 料〈直径17㎝1台分〉

卵黄	3個
卵白	4個分
砂糖①	25g
砂糖②	50g
牛乳	40mℓ
サラダ油	30mℓ
薄力粉	75g
バナナカラメルソース	
バナナ	1本
砂糖	30g
レモンの絞り汁	大さじ1
水	30mℓ

価格 96円

調理時間 50分

5

6

シフォン生地を作る

1. ボウルに卵黄と砂糖①を入れ、泡立器で全体が白くもったりとするまで泡立てる。

2. 牛乳、サラダ油を順に加え、そのつどよく混ぜる。

3. 薄力粉をふるい入れ、粉気がなくなり、なめらかなクリーム状になるまで混ぜる。

4. 別のきれいなボウルに卵白を入れ、泡立器でツノが立つまで泡立てる。

5. 砂糖②を加え、つやが出るまでさらに泡立てる。

6. 3に5の1/3量を加え、ゴムべらでさっくりと混ぜる。これを残りのメレンゲに戻し入れ、ゴムべらで生地をボウルの底から返すようにして混ぜる。全体がむらなく混ざったら手を止める。ここで混ぜすぎると生地が膨らまなくなるので注意。

焼く

7. シフォン型に6の生地を入れ、15㎝くらいの高さからトンと落として空気を抜く。

8. 予熱した180℃のオーブンに入れ、30分焼く。

9

冷ます

9. オーブンから取り出し、すぐに逆さにして冷ます。完全に冷めるまでそのまま置く。逆さにしないと、膨らんだ生地がつぶれてしまう。

バナナカラメルソースを作る

10. バナナは厚さ3㎜の輪切りにする。

11. フライパンに砂糖、レモンの絞り汁、水を入れ強火にかける。沸騰してカラメル状になったらバナナを加える。

仕上げ

12. シフォンケーキを型からはずし、バナナカラメルソースをかける。

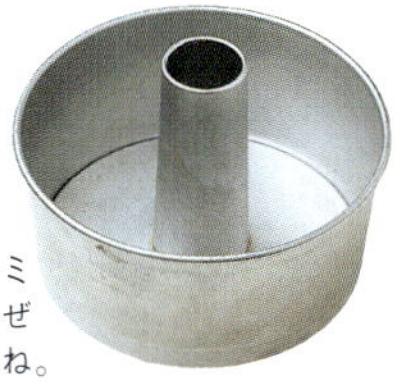

型は熱伝導のよいアルミ製がおすすめ。型にはぜったい油を塗らないでね。

お誕生日のパパのためにフンパツして焼いたケーキ。「お〜毎日が誕生日だったらいいのになぁ」

番組司会者ココリコが選ぶ 黄金伝説BEST1レシピ

遠藤's
BEST 1

村上知子の
カレーうどん
p.23

たっぷりな具ときしめん風のもちもち感がたまらない！

遠藤　もともとカレーもうどんも両方好きなんですよ。その二つが一緒になったカレーうどん。即効で決めましたね。

田中　僕もカレー大好きです。特にこの濱口さんのカレーラーメンは夢のコラボレーションですし。

遠藤　夢のコラボレーション？

田中　これは男の夢ともいえますね。そのまま食べてもインスタントカレーとインスタントラーメンはうまいんですよ。それを合体させるなんて、正に夢のコラボレーションじゃないですか。

遠藤　………。

田中　それを敢えて組み合わせた濱口さんの腕に感無量です。一口食べた瞬間、僕の中でゆるぎない地位を築き上げました。

遠藤　この村上のカレーうどんは、具もたっぷりで手が込んでいるからうまい。うどんももちもちしていてきしめん風に太いところも気に入ってます。

田中　おお！うまい！うまい！

遠藤　村上にはぜひお店を出してほしいですね。近くにあったら絶対に通います。

田中's
BEST 1

濱口優の
インスタントカレーラーメン
p.98

一口食べた途端、ゆるぎない地位を築き上げた珠玉の一品

田中　挑戦者の皆さんの節約技を、いつも感心してみてますけど、僕もやらなきゃなあと思いつつ、なかなかできてないので申し訳ないです。

遠藤　僕も節約しようとは思うけど実際には…。でも、冷蔵庫の開け閉めは早くなりましたよ。

レギュラー女性陣が選ぶ 黄金伝説BEST1レシピ

松居直美　久本雅美　榊原郁恵

松居直美's BEST 1

三瓶の
ペールケーキ
p.104

ロールケーキ大好き！
小さな一口サイズなところも
おいしい理由

久本　いろいろ試食したけど、これまでのレシピの中で何が一番おいしかった？

榊原　豚マヨ照り丼かな。豚肉とマヨネーズって家族も大好きな食材なの。それに、丼モノってご飯もたっぷりで子どもも喜ぶから。

松居　橋本志穂ちゃんの料理としては、ちょっとこってり系で意外性があったかも。私は三瓶君のペールケーキが一番おいしかった！

久本　あ～、彼のデザートはどれも結構本格的だよね。

松居　ケーキの部分がふわふわして、中のクリームもとろ～り。飾りつけが大根の葉っぱっていうのが、また節約生活ぶりがにじみ出てて面白いし。

榊原　三瓶君は調理師免許持ってるから強いよね。

久本　私はパンミミ肉まんだな～。ビンボーな時代に、よく炒めたりして食べたから、もう懐かしくって。おやつ感覚で小さくして食べてもおいしそう。

榊原　どのレシピもレベルが高い！私も触発されて野草茶を作ろうと野草を摘んでみたら、子どもに「はずかしいからやめて」って言われちゃった。

松居　シチューにおから入れて作ってみたら違和感なくておいしかった！

久本　私はコンセント抜くくらいかなぁ。がんばります……。

久本雅美's BEST 1

久保恵子の
パンミミ肉まん
p.94

パンミミって下積み時代を
思い出して、HOTな気持ちに
してくれるんだよね

榊原郁恵's BEST 1

橋本志穂の
豚マヨ照り丼
p.86

豚肉と手作りマヨネーズたっぷり。
シャキシャキキャベツも
ヘルシーで◎！

料理の基本

みじん切り（粗みじん切り）

せん切りあるいは粗く刻んだ材料を、さらに細かく刻むこと。玉ねぎのみじん切りは以下の要領で。

1. 薄皮をむいて半分（または$1/4$、$1/8$）に切り、切り口を下にして置き、根元を少し残して縦に細かく切り込みを入れる。
2. 手でしっかりおさえて、根元を切り離さないように少し残して、横に3〜4本切り込みを入れる。
3. 根元の部分をおさえて、端から細かく刻んでいく。最後に残った芯の部分も細かく刻む。

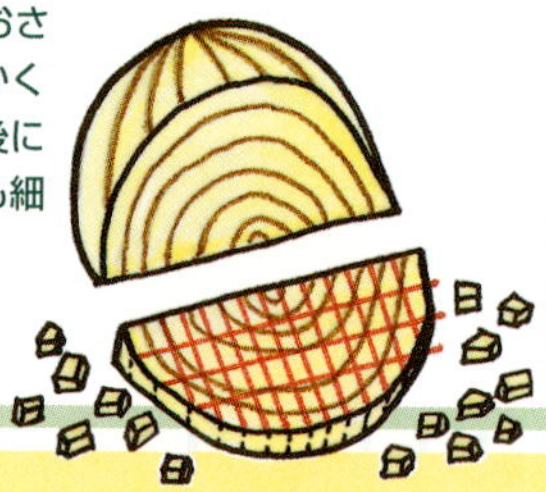

せん切り

材料を4〜5㎝長さに切り、繊維にそって縦に薄く切る。これを少しずつずらして重ね、端からごく細く切っていく。

●キャベツは葉を1枚ずつはがし、芯を切りとってから葉を3〜4等分に切る。これを重ね、片手でギュッとおさえつけながら、端からできるだけ細く切っていく。芯は薄くそぎ切りにしてから細く切る。

●きゅうりは斜め薄切りにしてから刻むと外皮の緑が全体に残って彩りのよいせん切りになる。

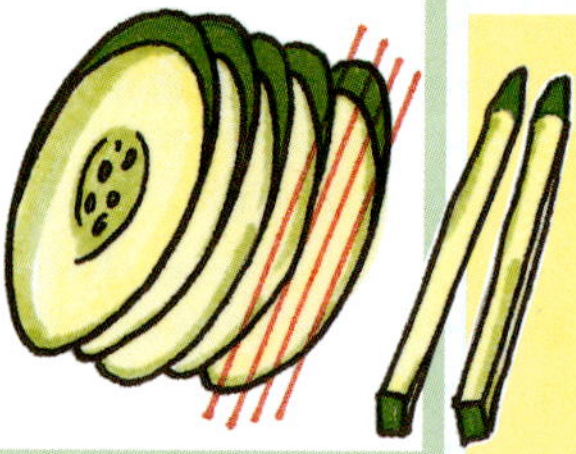

白髪《しらが》ねぎ

1. 長ねぎを7〜8㎝長さに切り、縦に切り目を入れて青い芯の部分を抜く。
2. 外側の白い部分を重ねて裏返し、ごく細いせん切りにする。
3. ペーパータオルやふきんなどで包み、水の中でもみ洗いして臭みやぬめりを取り、水気をしっかり絞る。

輪切り

大根、にんじん、じゃがいもなど切り口が円形になるものを、料理に応じた厚さで端から直角に切る。

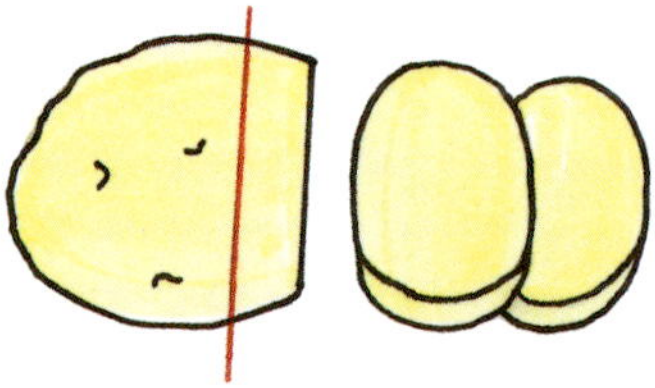

細切り

材料の歯ごたえを残すため、せん切りより少し太め（2〜3㎜幅）に切る。

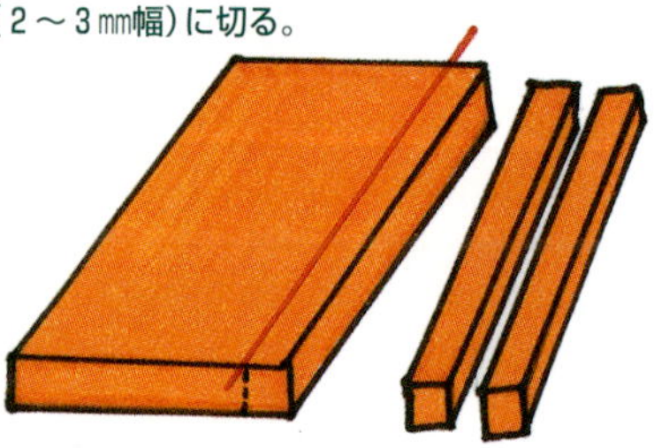

半月切り、いちょう切り

輪切りと同様の切り口が丸い材料を、適当な長さに切ってから縦に2等分し、端から切ることを半月切り、4等分して切ったものをいちょう切りという。輪切りにしたものを2等分、4等分に切る方法もある。

小口切り

長ねぎ、きゅうり、ごぼうなどの細長い材料を、端から薄く切っていくことを、輪切りといわずに小口切りという。小口は、端という意味。

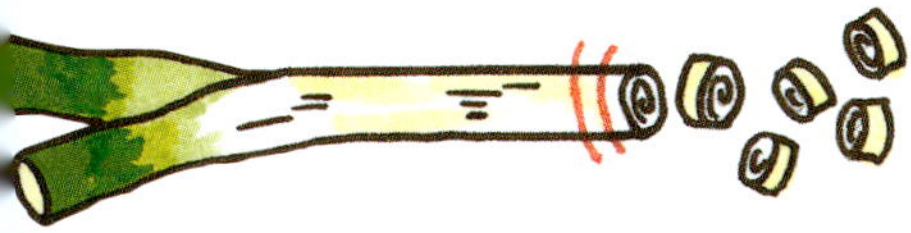

そぎ切り

厚みのある材料（切り身魚、いか、鶏肉、キャベツや白菜の芯など）を、火の通りやすい厚さにするために、包丁をねかし気味にして、そぐように斜めに薄く切る切り方。

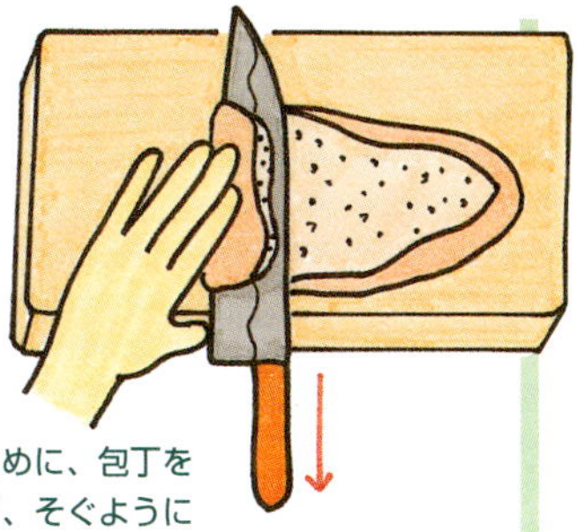

短冊切り

材料を 4 ～ 5 ㎝長さに切ってから周囲の丸みを切り落とし、約 1 ㎝の厚さで縦に切りそろえる。これを縦に薄く切ると、短冊のような長方形になる。

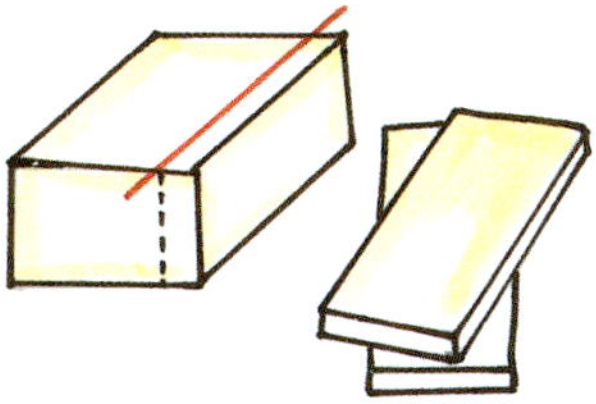

くし形切り

トマト、玉ねぎ、かぼちゃなど球状の材料を縦半分に切ってから、放射状に 4 ～ 8 等分する切り方。

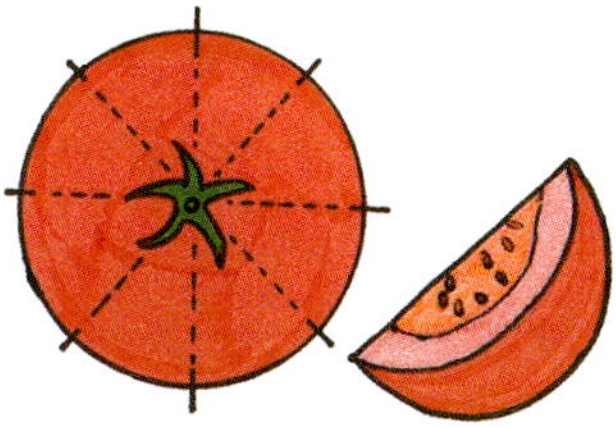

ざく切り

ほうれん草やキャベツなどを、3 ～ 4 ㎝長さにザクザクと切ること。切った後、葉先とかたい芯の部分を分けておくと調理時に便利。

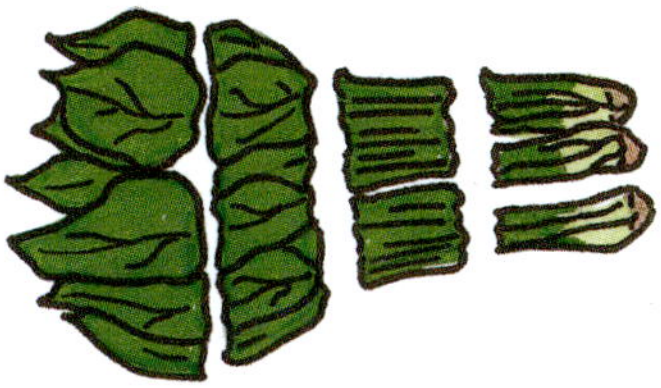

かつらむき

大根、にんじんなどを長さ 5 ～ 6 ㎝の輪切りにしてから、側面に包丁を当て、左手で材料を手前に回しながら、包丁を上下させて薄くむいていく切り方。

乱切り

にんじんやごぼうなど細長い材料を、手前に回しながら斜めに切っていくこと。切り口の面積が広いので、味がしみ込みやすくなる。大きさをそろえて切るのがコツ。太いものは、4 つ割りにしてから乱切りにする。

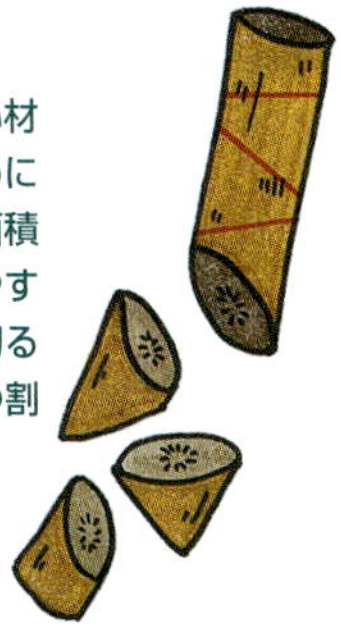

小房に分ける（ブロッコリー）

つぼみが散らないように、茎の部分にだけ包丁で切り込みを入れ、裂くようにして小さな房に分ける。

挑戦者別索引

家庭菜園を愛する
いとうまい子

野菜あんかけおこげ 362kcal 46
ポパイバーグ 287kcal 48
野菜リゾット 416kcal 50
野菜ポタージュ 24kcal 52
なんちゃって親子丼 431kcal 77
ゆで卵コロッケ 370kcal 82

節約コンピューター
久保恵子

ポテトグラタン＆ポテトスープ 393kcal 54
いきなり！ スープチャーハン 480kcal 60
ご飯ため炊き（土鍋） 2828kcal 60
干ししいたけ 4kcal 干し大根 41kcal
干しきゅうり 14kcal 60
干し野菜のそぼろ煮 482kcal 62
あさりの佃煮 132kcal 62
土鍋でシチュー 388kcal 90
ご飯入り茶碗蒸し 344kcal 92
パンミミ肉まん 609kcal 94
土鍋弁当 474kcal 95

節約生活を楽しむ
大場久美子

パンチリ＆芙蓉蟹もどき＆長ねぎとしいたけの軸のスープ 629kcal 58
なんちゃってフォアグラ＆アボカドスライス＆アボカドスープ＆マッシュポテト 549kcal 74
卵白すしケーキ 286kcal 80

服部栄養専門学校卒業の
三瓶

チョリソ 360kcal●44
ブヒ寿司 432kcal●64
ゆで豚 1671kcal●65
ブヒ丼 429kcal●66
干し豚 1297kcal●66
ぶ竜田揚げ定食 663kcal●67
ペールケーキ 318kcal●104
カスタードクリーム 164kcal●105
りんごのキャラメリーゼ105kcal●106
りんごの甘露煮 153kcal●107
アップルプチタルト 378kcal●108
みたらし団子 248kcal●110
たまごボーロ 285kcal●111
芋ようかん 185kcal●112
イモンブラン 149kcal●113

節約アレンジ料理を得意とする
中村由真

チキンクリーム煮と
ケチャップスープ 530kcal●36
由真特製カレー 530kcal●68
凍り豆腐のドライカレー 491kcal●68
秒殺ハヤシライス 491kcal●70
ドライカレーロールキャベツ 653kcal●70
ドライカレーすいとん 405kcal●70
そうめん団子雑煮 420kcal●71
節約ハンバーグと
万能ねぎスープ 523kcal●84

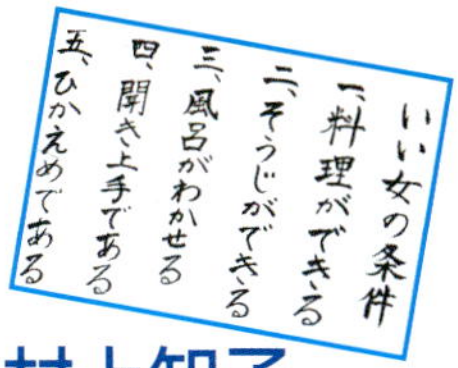

小麦ッ娘・
村上知子

基本の食パン（薄力粉パン）
2430kcal●8
パングラタン 1781kcal●10
フライパンパン 1022kcal●11
基本の生パスタ 332kcal●12
ミートソース生パスタ 449kcal●14
作りおき ミートソース 539kcal●15
イカゲソのトマトクリームスパ
588kcal●16
豚肉とネギの和風パスタ 554kcal●17
基本のうどん（1玉分） 348kcal●18
肉うどん 465kcal●19
カリカリあんかけうどん 421kcal●20
白菜たまごうどん 477kcal●22
カレーうどん 589kcal●23
基本のピザ（きのこピザ）
1042kcal●24
カルツォーネ 995kcal●26
丸ごとたまごのピザ 1254kcal●27
基本の村上まん（カレーまん）
802kcal●28
作りおき カレー 744kcal●29
ハヤシまん 382kcal●30
キンピラまん 299kcal●30
スイートポテトまん 362kcal●31
カスタードまん 405kcal●31
基本の餃子（ニラ餃子）318kcal●32

最強の節約主婦
橋本志穂

坊っちゃんかぼちゃの肉詰め 303kcal●38
残り物三色丼 315kcal●40
ガス代0円カレーライス 733kcal●42
とんこつご飯 493kcal●72
逆カツサンド弁当 750kcal●73
豚マヨ照り丼 654kcal●86
炊飯御膳 443kcal●88

独身男の節約サバイバル
濱口優

インスタントカレーラーメン 544kcal●98
茶碗蒸しプリン 181kcal●99
簡単カルボナーラ 529kcal●99

ほのぼのあったか家族
ふかわ一家

メルヘン弁当 679kcal●100
ふかわ流お好み焼き
&キャベツスープ 492kcal●101
親孝行ラーメン 603kcal●102
バナナシフォンケーキ 1312kcal●114

食材別索引

あとがき

「1ヶ月1万円生活」は4年前にスタートした「いきなり!黄金伝説。」のコーナー企画として誕生しました。

深夜で好評だった「ココリコ黄金伝説」「ココリコA級伝説」がゴールデンに進出し、ココリコ以外のタレントさんがいわゆる"伝説（＝今まで誰も成しえなかったことに挑戦する…といっても深夜らしい馬鹿馬鹿しい企画もたくさんありましたが……)"に挑戦するという初企画でした。

番組開始当初はアイドルを中心に様々なタレントさんが挑み『超節約レシピ50』『超節約レシピ50+10』の計85万部のベストセラーが生まれるほどの人気コーナーに成長することができました。

その後番組は好評の別企画が生まれ、それを中心に放送してきましたが、一定の休止期間を経たある日の企画会議をきっかけに、"バトル形式"という新しい見せ方と、"濱口優"をはじめとした最強のキャラクターを武器に新しい「1ヶ月1万円生活」が誕生しました。

"バトル形式"になったことで、以前にも増して過酷になった新「1ヶ月1万円生活」。しかし苦しみながらも次々と挑戦した方々が、節約生活の楽しみをどこか見出し、最後には「辛かったけどやってよかった」と言ってくれたとき、この企画の面白さを制作者として再認識するとともに、心から嬉しく感じます。

挑戦中のこの1ヶ月がとても大変なことは、画面を通じて視聴者の皆様に理解していただけると思いますが、その裏には多くの出演者やスタッフの努力だけでなく、そのご家族をはじめとした周りの方々の深い理解や愛情なくしてはなかったと、私は思うのです。1ヶ月も帰らない奥様やご主人やパパやママ……をじっと待っている家族の気持ちを決して忘れることはできません。

今回の『超節約レシピ』第3弾の刊行にあたり、あらためて、この番組を応援し支えてくださっている視聴者の皆様や、この番組、この本に関わってくれたすべての出演者、スタッフ、そしてその周りの愛情深い方々に心から感謝いたします。

テレビ朝日　チーフプロデューサー　平城隆司

出演

ココリコ
（遠藤章造・田中直樹）

榊原郁恵
久本雅美
松居直美
よゐこ 濱口優
ふかわりょう
Take2 東貴博
ずん 飯尾和樹
ドロンズ石本
やるせなす 石井康太
カラテカ 矢部太郎

大場久美子
いとうまい子
橋本志穂
中村由真
久保恵子
三瓶
森三中 村上知子

editorial staff

編集	鈴木仁美
	野村菜津子
	関澤真紀子
	稲葉真希子
	兼子友美
デザイン	末村紀代子（スキップ）
スタイリング・イラスト	藤原美佐
写真	南郷敏彦（料理・人物 p.13、29）
	大高和康（人物）
	文化工房（p.51）

tv staff

構成	高須光聖
	鈴木おさむ
	福田雄一
	興津豪乃
	なかじまはじめ
チーフプロデューサー	平城隆司
プロデューサー・演出	寺田伸也
プロデューサー	小菅聡之
	中野光春
ディレクター	友寄隆英
	村上直行
	服部紳一
	山城洋昌
	佐宗威史
	前川強
	寺島直樹
	岩本浩一
	制野慎太郎
	風見昌弘
	荻野健太郎
	堀田康貴
	白井伸之
	林洋輔
AP	鈴木祐啓
	伊部千佳子
デスク	西元美幸
	植松幸恵
AD	奥村篤人
	蝦名奈月
	大室博一
	草柳孝司
	白井秀知
	熊川隆太
	吉野孝俊
	糸川慶樹
	中田麻紀子
	渡辺章太郎
	濱崎賢一
	田中千歳
	相羽友里
	大津貴史
	谷川真耶
	高橋竜平

2004年6月 1日　　第1刷発行
2004年6月24日　　第3刷発行

著者　テレビ朝日「いきなり!黄金伝説。」

発行人　澤　將晃

発行所　テレビ朝日事業局コンテンツ事業部
106-8001
東京都港区六本木6-9-1
TEL. ……………………… 03-6406-1956
FAX. ……………………… 03-3405-3767
書店専用TEL. …… 03-6406-1977

印刷・製本　大日本印刷株式会社
定価は表紙カバーに表記してあります。乱丁落丁はお取替えいたします。

ISBN4-88131-272-3　C0076